Petra Möller

Im Spiegel deiner Seele

Eine Liebe zwischen

Diesseits und Jenseits

spiritbooks

Das Werk, einschließlich aller seiner Teile, ist urheberrechtlich geschützt. Jede Verwertung ist ohne Zustimmung des Verlages und des Autors unzulässig. Dies gilt insbesondere für Vervielfältigungen, Übersetzungen, Mikroverfilmungen und die Einspeicherung und Verarbeitung in elektronischen Systemen.

© 2015 spiritbooks, 70178 Stuttgart
Verlag: spiritbooks, www.spiritbooks.de
Autorin: Petra Möller
Lektorat/Buchsatz/eBook: PCS Schmid, www.pcs-schmid.de
Covergestaltung: Corina Witte-Pflanz, www.ooografik.de
Autorenfoto: Christoph Müller, www.christophmueller.info
Druck und Verlagsdienstleister: www.tredition.de
Printed in Germany
1. Auflage

ISBN: 978-3-944587-35-6

„Für Dich –

die schönste Welle im Ozean!"

Im Spiegel deiner Seele

Im Spiegel deiner Seele
küssen Zeit sich und Ewigkeit,
leuchten endlich und endlos,
sind sich nah und doch weit.

Im Spiegel deiner Seele
erlöst Leid sich und fliesst,
mit im Strom der Gezeiten,
weil nur du mich so siehst.

Im Spiegel deiner Seele
zeige der Welt ich mich ganz,
frei von Masken und nackt,
lass' mich ein auf den Tanz.

Im Spiegel deiner Seele
liebe ich dich und auch mich,
denn im Spiegel reiner Liebe
spiegelt Alles in Liebe sich.

Lukas und Paula – Traum und Wirklichkeit

Eine leise Melodie lichtet die unwirklich scheinende Welt aus weißen Nebelschwaden. Eintauchen ... sehen ... hören ... fühlen.

Es ist dunkel. Nur ein kleines Teelicht erhellt die Umrisse des jungen Paares, welches eng aneinandergekuschelt in einem Bett liegt, leise ins Gespräch vertieft, damit das schlafende Kind im Nachbarzimmer nicht gestört wird.

Sie erzählt träumend von der Zukunft, hat Ideen, Pläne. Die kalte Welt da draußen und den stupiden Alltag aus Arbeit und Freudlosigkeit möchte sie so gerne vergessen, etwas Eigenes aufbauen ... gemeinsam mit ihm. Endlich verrückt sein und nicht nur vernünftig wie bisher. Sie weiß genau: Das kann sie nur mit ihm!

Er hört ihr zu, wünscht sich nichts sehnlicher, als diese Wünsche gemeinsam mit ihr zu leben. Aber ein inneres Wissen lässt Zukunftspläne nicht zu. Und dennoch möchte er ihr etwas hinterlassen, etwas Lebendiges, etwas, das sie eines Tages an ihn in seiner Lebendigkeit erinnern könnte. Er denkt: *Ich schenke ihr einen Sohn.* Denn tief im Inneren weiß er um sein Schicksal! Und dieses Wissen bedrückt sein Herz, er möchte es mit ihr teilen und so sagt er vorsichtig, fast zärtlich zu ihr: „Ich werde nicht lange leben. Ich weiß, dass ich jung sterben werde. Du darfst nicht traurig sein. Hörst du? Du darfst nicht traurig sein! Ich werde dich immer lieben, so wie ich niemals jemanden in diesem Leben geliebt habe."

Die Angst, die sie jetzt fühlt, ist wie ein lähmender Dämon. Ohnmächtig spürt sie die Wahrheit, die Tiefe seiner Worte und will diese dennoch auf keinen Fall wahr haben. Ohne ihn leben? Niemals. Er ist ihr Schicksal, ihr Leben. Für immer. So haben sie es sich versprochen. Vor sich selbst und bei ihrer Hochzeit, die gerade vier Wochen zurückliegt. Nein, es kann nicht sein, sicherlich hat er nur eine depressive Verstimmung. Schließlich war er lange krank. Sie legt ihre Hand auf seine Brust und schläft schließlich, beruhigt von seinem Herzschlag, ein.

Der nächste Morgen. Es ist der Samstag vor dem Montag. Dem Montag, der alles in Schutt und Asche verbrennen sollte. Doch an diesem Samstagmorgen ist die Welt noch heil, friedlich und voller Liebe. Das Glück bäumt sich ein letztes Mal in seiner ganzen Schönheit für die beiden auf.

Wie immer am Wochenende genießen sie das gemeinsame Frühstück. Und wie immer schmiert einer das Brötchen für den anderen, ein Ritual seit sie zusammenleben.

Sie belegt eine Brötchenhälfte mit seiner Lieblingssalami, auf die andere schmiert sie Erdbeermarmelade. Er weiß genau: Nur ganz wenig Butter, aber dafür viel Honig und die andere, die dünne Seite des Brötchens mit dem süßen Zuckerrüben-Sirup, den sie so liebt. Dann tauschen sie die Teller. Und wie immer sagen sie sich gegenseitig, dass es ihnen auf diese Weise tausendmal besser schmeckt, als wenn sie sich ihr Frühstück alleine hätten zubereiten müssen.

Der Geruch von Kaffee und Kakao liegt in der Luft. Aus dem Wohnzimmer dringt das Lachen von Paulas dreijähriger Tochter Jasmin, die bereits Besuch von ihrem besten Freund, dem Nachbarjungen hat.

Plötzlich hört sie das laute, schrille Geräusch eines Krankenwagens, es lässt sie erschauern. Wo ist er? Sie muss ihn suchen ... Es ist zu spät. Auf einmal ist wieder dieser weiße Nebel da, er wird dichter. Sie weiß nicht mehr, wo sie sich gerade befindet und überall in diesem Nebel lauert die Undurchsichtigkeit der Angst.

Dann wird sie wach!

Als Paula völlig verweint und mit Herzrasen aufwacht, ist es draußen noch stockdunkel. Der beleuchtete Wecker zeigt 2.00 Uhr an. Nur langsam erkennt sie das ihr vertraute Zimmer, den schlafenden, leicht schnarchenden Hund und die fernen Geräusche aus den anderen Wohnungen des Mietshauses, in dem sie lebt. Sie ist hier – jetzt – im Jahr 2012.
 Alles nur geträumt? Es war so echt. Gar nicht wie die üblichen Träume sonst. Es schien, als wäre sie zwar mittendrin, aber gleichzeitig auch ein Beobachter. Eine fremde Instanz, die einen Kinofilm anschaut und Gefühle für die Schauspieler entwickelt.
 Wieder steigen Tränen in ihr auf, denn es fühlt sich an, als wäre in diesem Traum die Zeit abhandengekommen, als wäre all das wirklich jetzt passiert, in diesem Moment. Paula sieht seine großen dunklen, fast schwarzen Augen wieder so real vor

sich. Das warme Sternenlicht seiner Seele leuchtete aus diesen Augen, sobald er lachte oder tief in sich gekehrt im Raum saß, ohne wirklich anwesend zu sein. Unbeschreiblich die tiefe Liebe, die sie in solchen Momenten für ihn fühlte und auch jetzt immer noch fühlt. Dabei ist es genau zwanzig Jahre her, dass sie in diesen Augen versinken konnte. Zwanzig lange Jahre!

Was ist alles geschehen, in dieser so ewig scheinenden Zeit? Unendlich viel, kaum greifbar ...

So spürt sie in diesem Moment die tiefe Liebe, aber auch den riesigen Schmerz des Verlustes in ihrem Herzen, mit der gleichen Intensität wie damals. Er ist tot, ihr Mann Lukas, die größte Liebe ihres Lebens, ihr Vertrauter, Seelengefährte, er ist seit zwanzig Jahren tot. Ob sie nun langsam doch verrückt wird? Der Traum fühlte sich weitaus lebendiger an als ihr momentanes Leben.

Zum wiederholten Male nach all den Jahren erkennt sie es deutlich: An dem Tag, als Lukas starb, hatte sie das Gefühl, als würde ihr die Hälfte ihres eigenen Körpers abgetrennt werden. Als könnte sie nie wieder vollständig sein. Doch in Wirklichkeit hatte sie in diesem traumatischen Moment wohl einen wichtigen Teil von sich selbst abgespalten: Die Fähigkeit, einen anderen Menschen wahrhaftig und ganz zu lieben. Oder war es nur ihr Verstand, der diese Liebe nicht spüren wollte und sie deshalb lieber verdrängte? Denn wahrhaftig zu lieben bedeutet sich zu öffnen ... ohne Angst vor Verlust und Verletzungen.

Sich ohne Wenn und Aber diesem anderen Menschen vollkommen zu öffnen. Das jedoch hatte sie seit damals nie wieder annähernd geschafft, auch wenn sie es jedes Mal aufs Neue hoffte, sobald ein Mann in ihr Leben trat.

In dieser Nacht sieht Paula wie von einer höheren Warte im Schnelldurchlauf ihren langen, spirituellen Weg, den sie seit Lukas' Tod bereits gegangen war und immer noch geht. Sie sieht ihre Hingabe an etwas Größeres, auch die tief sitzenden und immer wiederkehrenden Zweifel, das mühsam erlernte und immer wieder verlorene Vertrauen dem Schicksal gegenüber und ebenso eine neue Form von Verständnis, dass alles Erlebte einen tieferen Sinn hat. Immer!

Trotz der intensiven Innenarbeit hatte sie es seit damals nie wieder geschafft, einen Mann auf diese besondere Art und Weise zu lieben. Zu groß war die Angst. Die Angst davor, dass sie, wenn sie sich öffnen, wenn sie all ihre Liebe so frei wie damals verschenken würde, diesen Menschen wieder so grausam verlieren würde. Jene übermächtige, scheinbar unkontrollierbare Angst ließ sie das wahre Lieben abschalten und verdrängen. Paula richtete in ihrem Herzen einen Kerker ein, in den sie diese einzigartige Liebe einsperrte, um dann ängstlich den Schlüssel vor sich selbst zu verstecken. Vor sich und besonders vor der immer wiederkehrenden riesigen Sehnsucht, noch einmal eine Liebe dieser Art erleben zu dürfen. In völliger Freiheit und tiefstem Vertrauen, so wie in der glücklichen Zeit mit Lukas.

Diese Sehnsucht nach Gleichklang und natürlicher Harmonie ließ sich einfach nie ganz abtöten. Paula versuchte es immer wieder, indem sie alle negativen Gedanken und Paranoia aktivierte, die sie im großen Archiv des Verstandes finden konnte. Und je mehr Jahre und enttäuschende Beziehungen mit verschiedenen Männern vergingen, umso leichter wurde die Verdrängung und Abwertung der Sehnsucht. Viel lieber beschäftigte Paula sich mit spirituellen Weisheiten, las unzählige Bücher, ließ sich in allem Möglichen therapieren und ausbilden. Sie besuchte Seminare, löste selbst viele alte Muster und Blockaden in sich auf, wurde wieder tiefsinniger, weicher und auch liebender. Sie überlebte Spott, Verachtung und Isolation, wurde stärker, sicherer, authentischer und mutiger. Nur das Thema Partnerschaft in seiner ganzen Tiefe, blieb unbeachtet in den dunklen Höhlen aus Verdrängung und Angst. Verpanzert mit jeder Menge Schubladendenken und Vorurteilen, die aus bitteren Erfahrungen zurechtgebastelt wurden.

Und trotz dieser Bewusstmachung fürchtet Paula sich mehr denn je davor, noch tiefer in dieses Thema hineinzuschauen. Doch sie versteht: Es muss sein, es geht nicht anders, wenn sie jemals wieder das Leben und die Liebe richtig spüren will und damit volle einhundert Prozent. Mit weniger kann sie nicht mehr zufrieden sein.

Flucht ist nun also keine Lösung mehr.

Ein helles Licht auf ihrer Bettkante reißt Paula aus ihren Gedanken. 2.22 Uhr zeigt der Wecker in diesem Moment an. Eine unsichtbare Hand zaubert Wärme und Weichheit in ihr unterkühltes und verweintes Gesicht. Dieses Streicheln, das wie ein Prickeln warme Gänsehaut verursacht, das kennt sie.

Lukas ist da. Er, der ihr in den letzten Jahren geistiger Begleiter und Lehrer wurde. Lukas, ihr Seelengefährte ... Ihr Engel.

Wie damals sein Herzschlag, lässt nun seine durchsichtige Hand Paula wieder in tiefen und traumlosen Schlaf fallen.

Beruhigt, beschützt und geliebt

Am Morgen erwacht Paula in einer fast feierlichen Stimmung. Es ist der 18. Mai, die Uhr zeigt 6.30 Uhr und wie in all den Jahren zuvor denkt sie auch jetzt: *Um diese Zeit haben wir uns das letzte Mal gesehen.* Sie erinnert sich an Lukas' Kaffeetasse, die nach diesem Morgen viele Wochen lang wie eine Reliquie in ihrer Küche stehen bleiben wird, an seine letzte Zigarette am offenen Küchenfenster, die er hektisch ausdrückte, um nicht zu spät auf seiner Arbeitsstelle zu erscheinen. Zwei sonst völlig bedeutungslose Dinge, die aber schon bald die letzten Spuren seiner Lebendigkeit aufweisen und Paula somit von unschätzbarem Wert erscheinen würden. Dann denkt sie auch an ihr kleines saphirblaues Licht in der anderen Welt, das letzte Geschenk von Lukas. Ihr gemeinsamer Sohn, den sie wahrscheinlich aufgrund ihrer schlechten körperlichen und psychischen Verfassung durch Lukas' Tod bereits am Anfang der Schwangerschaft verlor. Selbst so eine Erinnerung weicht heute dieser feierlichen Stimmung und lächelnd schickt sie ihrem kleinen Licht, welches ihr einmal ein Medium als saphirblau beschrieb, ein unsichtbares Küsschen.

Als Paula schließlich mit dem Hund durch den Park läuft, spürt sie, dass sich ihre einst so schmerzhafte Trauer mit den Jahren in

Weichheit und sogar fast Dankbarkeit verwandelt hat. Seitdem sie immer wieder aufs Neue den spirituellen Lebensweg für sich gewählt hatte, bekam diese Trauer einen ganz besonderen Zauber und tiefgründigen Sinn. Ihr wurde die Härte genommen und die eisige Kälte des Verlustes. Denn in den letzten zehn Jahren hatte Paula viele Beweise und Erlebnisse geschenkt bekommen, durch die sie begreifen durfte, dass der körperliche Tod nicht das Ende bedeutet. Schon gar nicht das Ende einer so einzigartigen Liebesbeziehung.

Lukas hatte ihr mit seinem körperlichen Tod viel gegeben: Mehr Tiefgründigkeit, den Mut sich selbst zu erkennen und auch Heilung zuzulassen. Eine neue Sensibilität, die ihr wesentlich mehr lag, als die Kälte der sogenannten Realität, welche die meisten Menschen in ihrer Umgebung für wahr hielten. Dieser Weg hatte ein Feuer in ihr entzündet, das nie wieder gelöscht werden konnte. Paula brannte wie ein ewiges Licht. Ein Licht der Wirklichkeit, das ihre Seele entzündet hatte.

Sogar etwas ganz Praktisches schenkte Lukas ihr mit seinem Tod: Eine Witwenrente, die es ihr ermöglichte, neue Wege der Freiheit zu gehen. Endlich fort aus dem verhassten Job, hinein in eine andere Welt aus Berufung und Eigenverantwortung. Gerade dann erkannte sie sein Geschenk, wenn es lange Zyklen gab, in denen ihre Innenarbeit alle Zeit erforderte. Wenn im Außen nichts, aber auch gar nichts geschah, nur noch diese alles durchdringende Stille, in die sie gedrückt wurde, um sich endlich selbst anzusehen und zu erkennen. Wenn das Geld kaum noch für die letzte Woche des Monats reichte … Und dennoch, Paula überlebte, sie kam klar. Immer wieder aufs Neue.

Paula fröstelt es, wenn sie an die entsetzten Blicke und das

Unverständnis ihrer damaligen Freunde und der Familie denkt, als sie aus dem krisensicheren Job im öffentlichen Dienst in eine ungewisse Zukunft gewechselt hatte und das auch noch als alleinerziehende Mutter. Aber selbst diese Situation hatte sie aus eigener Kraft gemeistert. Die Wogen glätteten sich mit der Zeit, wie auch mit ihrer Standhaftigkeit. Schließlich war es ganz alleine ihr Leben und ihr Weg, über den nur sie selbst zu bestimmen hatte.

So manches Mal hatte sie sich verloren und einsam gefühlt, denn die meisten damaligen Freunde verstanden ihre neue spirituelle Ausrichtung nicht und zogen sich zurück. Paula nahm ihnen das nicht übel, sie akzeptierte deren Angst vor dem Unbekannten. Als sie vor zwölf Jahren anfing mit Reiki, einer alten asiatischen Heilkunst, zu arbeiten, war es nicht leicht, damit angenommen zu werden. Dann öffnete sich aufgrund dieser intensiven Arbeit ihr drittes Auge und sie wurde hellsichtig und auch hellfühlig. Das dritte Auge ist eigentlich das *sechste Chakra* im Chakrensystem, aber da es zwischen den beiden physischen Augen liegt, nennt man es das dritte Auge. Seit dieser Öffnung konnte Paula Lukas, andere Verstorbenenseelen und auch lichtvolle Geistwesen, wie Engel und aufgestiegene Meister sehen und auch hören. Um den Kontakt zu ihnen aufzubauen, fühlt sie zuerst nur deren Präsenz, dann konzentriert sie sich bewusst auf ihr drittes Auge und kann sie nach einigen Sekunden optisch wahrnehmen.

Paulas spiritueller Weg nahm ein rasantes Tempo an und selbst viele der neuen Bekanntschaften, die sie auf diesem Weg machte, konnten oft nicht mit ihr Schritt halten. So war es ein Kommen und Gehen der Menschen in Paulas Leben, ein ständiger Wandel, an den sie sich mit der Zeit gewöhnte. In der letzten Zeit, seit ihrer Rückkehr aus Bayern in die alte Heimatstadt Schwerin, wurde es besonders still um sie.

Paulas Gedanken fliegen nun aus der Vergangenheit weiter in Richtung Gegenwart und landen bei den wenigen Menschen, die sich heute, in ihrem jetzigen Leben noch wiederfinden. Während ihr Hund an einem Grashalm knabbert und keine Anstalten macht weiterzulaufen, denkt sie an ihre Freundin Julia, die einzige, die ihre Geschichte mit Lukas von Anfang an miterlebt hatte, die voller Rührung Sturzbäche auf ihrer Hochzeit geweint hatte, und mit der sie vor knapp einer Woche gerade noch in Berlin gewesen war. Gemeinsam hatten sie das Musical von Udo Lindenberg *Hinter dem Horizont* besucht. Mit niemand anderem hätte sie es sich vorstellen können, diese Veranstaltung zu genießen, als mit Julia. Lukas war zu Lebzeiten wohl der größte Fan von Udo Lindenberg gewesen und dessen Musik begleitete sie seit ihrer gemeinsamen Schulzeit ständig. Julia hatte all das hautnah miterlebt, und während des Musicals fühlte Paula sich mit ihren mühsam zurückgehaltenen Erinnerungstränen und Emotionen neben ihr gut aufgehoben. Julia verstand still und war einfach da.

Paula schickt ihr im Geiste ein Dankbarkeitswölkchen und stellt fest, wie viel Dankbarkeit heute überhaupt in ihr ist. Ein leichtes, geradliniges Leben hatte sie sich bisher weiß Gott nicht ausgesucht, aber an diesem Morgen will sie auch kein anderes. Jetzt liebt sie selbst die vielen Katastrophen, Abstürze und Schwierigkeiten der letzten zwanzig Jahre.

In genau dieser feierlichen Stimmung will sie auch den Rest

des Tages bleiben. Allein zu Hause mit einem gemütlichen Frühstück, Kerzen und alten Erinnerungen. Einfach den Tag verstreichen lassen mit eben dieser Dankbarkeit und Liebe im Herzen. Zwanzig Jahre war Lukas nun bereits in der anderen Welt jenseits des Schleiers. Diese Zahl ist so gewaltig, dass Paula sie heute immer wieder einmal wiederholen muss. Fast ihr halbes Leben umfasste diese Zahl. Und sie versucht sich ein Bild zu machen, wie Lukas jetzt aussehen würde, mit über vierzig. Es fällt ihr schwer, sein Gesicht bleibt in ihrer Vorstellung wohl ewig vierundzwanzig.

Ein Alter, das nun in diesem Jahr ihre Tochter erreichen wird. Komische Vorstellung. Manchmal hatte sie Lukas um seinen Tod beneidet, ein anderes Mal sogar dafür beschimpft, weil er sich einfach davon gemacht hatte.

Heute jedenfalls trägt sie stolz einen neuen Ring, ein für sie ganz besonderes Symbol. Am Jahresanfang ließ Paula ihre Eheringe einschmelzen, um aus diesem Gold einen neuen Schmuckring fertigen zu lassen. Der Ring war so schön und doch schlicht geworden, zwei Wellen, die sich berühren. Im April, an ihrem Hochzeitstag hatte sie ihn zum ersten Mal getragen. Lukas schenkte ihr an jenem Tag auf mediale Weise eine tiefgründige Zeile, die sie aufschrieb:

„In der Welle des Loslassens fließt Eins-Sein."

Ja, sie waren längst Eins geworden, ihre zeitlosen Seelen miteinander verschmolzen und doch konnten sie jederzeit auch zwei sein. Paula mit ihrem Körper auf der Erde und Lukas als liebende himmlische Energie, als Begleiter, Lehrer und Wegweiser.

An diesem 18. Mai war nur Frieden in Paula – tiefer Frieden.

Die Erkenntnisse der Nacht hatte sie zwar nicht vergessen, aber vorerst auf die Wartebank geschoben, denn dieser Tag sollte nur ihr und Lukas gehören.

Er würde ohnehin nicht locker lassen, bis sie sich diesem Thema ernsthaft widmen würde. Engel können so verdammt hartnäckig und streng sein.

Verhandlungen

„Da bin ich!", flüstert Lukas einige Wochen später in Paulas Gedanken, während sie gerade missmutig an ihrem Frühstücksbrötchen kaut. Irritiert schaut sie zu ihrem Hund, dessen verklärter Blick den Beweis liefert für unsichtbaren Besuch. Paula konzentriert sich kurz, sieht dann über ihr drittes Auge Lukas' Lichtgestalt, sein vertrautes Gesicht und die Konturen des Körpers, die sich noch aus seinem letzten Leben andeutungsweise zeigen.

„Du bist also wirklich da, Lukas. Dabei fühle ich mich heute so dermaßen geistig verstopft. Naja, hab dich ja trotzdem bemerkt", nuschelt Paula immer noch schlecht gelaunt.

Lukas lacht, lässt eine Krähe auf der Balkonbrüstung landen und diese krächzt nun ohrenbetäubend laut.

„Mir ist nach ein bisschen Hokuspokus, um dich aufzuheitern", sagt er mit einem schelmischen Grinsen.

„Pah, da musst du dir schon etwas anderes einfallen lassen, mein Schätzchen. Ich mag Krähen. Wie wäre es vielleicht einmal mit Vogelspinnen oder Massenmördern?", pariert Paula und steht auf, um der Krähe ein paar Brotkrumen zu spendieren.

„Geht doch", stellt Lukas fest.

Als er noch im Körper lebte, hatten sie sich nie ernsthaft gestritten, aber dieses schlagfertige Worte-Ping-Pong liebten beide schon damals. Und sie erhielten es sich auch weiterhin auf die neue mediale Weise.

Paula wird nun langsam wieder warm, der Frust verfliegt und so fragt sie Lukas: „Was möchtest du denn? Frühstück gibt es nicht mehr. Und auf Transformation und so weiter habe ich heute irgendwie keinen Bock, der Tag fing schon so blöd an."

Lukas hockt auf der Sofalehne und mimt eine Mischung aus Pastor und Psychotherapeut. „Wie sind denn heute unsere Befindlichkeiten, meine Liebe? Was darf es sein, Therapie oder doch eher eine Beichte ablegen? Aber um deine Frage zu beantworten: Mir war langweilig und ich hatte Sehnsucht nach dir. Ach, es ist schon schade, dass ich keinen Kaffee mehr vertrage, seit ich auf Lichtnahrung bin!"

Er seufzt laut und Paula lacht endlich wieder von Herzen. Die schlechte Laune ist verflogen und die Gründe dafür kommen ihr im Moment auch richtig albern vor.

„Im Ernst jetzt", sagt Lukas. „Ich möchte dir einen Vorschlag machen, wie wir gemeinsam an dein „Brenn-Thema" herangehen könnten. Ich möchte dir so gerne wieder einen Mann schicken, aber ohne die Gewissheit, dass du ihn sofort rückwärts die Treppe herunter jagst oder ihn mit fiesen E-Mails vergraulst. Womöglich ziehst du dann auch wieder aus lauter Angst deine berühmte *Mutti- oder Therapeutinnen-Nummer* ab. Nee, nee, da muss sich was ändern. Und ich habe eine Idee!"

„Na, da bin ich gespannt!", antwortet Paula amüsiert.

„Außerdem denke ich, dass *Derjenige welcher* das alles aushalten könnte und nicht gleich wegläuft. Diese Fluchttypen sind allmählich langweilig. Und du bist ja im Bilde, was ich, deine Paula, alles nicht mehr möchte. Leider habe ich auch kaum Ahnung, was ich denn möchte. Weißt du, ich habe soviel über das Spiegelgesetz gelesen und es auch zu einem großen Teil verstanden. Ob es wirklich so ist, dass jede Beziehung ein gegenseitiges Abarbeiten von alten Mustern ist? Dann bleibe ich vielleicht doch lieber alleine, denn das kann nur problematisch werden. Aber deine Idee darfst du mir trotzdem ruhig vorstellen, ich lausche."

„Haha! Also doch interessiert!", frohlockt Lukas, der sich inzwischen direkt auf Paulas Wohnzimmertisch lang gemacht hat. „Also, pass auf. Ich komme nun regelmäßig vorbei und wir legen eine Art gemeinsames Tagebuch an. So wie damals, als du mich noch nicht medial empfangen konntest und mir alle deine Erlebnisse geschrieben hast. Nur dieses Mal sind wir im Dialog. Das heißt, du schreibst im Wechsel als Paula und dann medial meine Ausführungen. Gut, oder?"

„Und was soll das dann bringen?", wirft Paula skeptisch ein.

„So kannst du deine alten Muster besser verstehen und sie dir nochmals richtig bewusst machen!", erklärt Lukas ihr geduldig. „Etwas, das ins Bewusstsein gerückt und erkannt ist, das brauchst du nicht erneut zu lernen. Weil es sich zum einen durch Erkenntnis und zum anderen durch die Kraft der Vergebung erlösen darf. Das wird eine richtig schöne Bewusstheits-Therapie.

„Oh je!", seufzt Paula. „Das kann ja heiter werden."

„Ich werde dich vielleicht ein bisschen quälen", gibt Lukas

zu. „Aber danach sprühst du nur so vor Erkenntnissen, wirst deine Muster sehen, sie ändern und hoffentlich dir selbst, sowie allen an den Geschichten beteiligten Menschen vergeben, soweit dies noch nicht geschehen ist. Zwischendurch ab und an nach draußen in die Welt zum Üben, bis zur praktischen Prüfung. Und? Was sagst du? Bin ich genial? Diese Therapie kostet dich nichts, nur ein wenig guten Willen und Durchhaltevermögen." Paula atmet erst einmal durch, lässt sich Zeit, trinkt noch einen Schluck Kaffee. Dann antwortet sie: „O. K., du komischer Engel. Der Aspekt, dass es nichts kostet, der hat mich jetzt überzeugt, denn ich bin ohnehin schon wieder pleite. Aber wenn du mich zu sehr ärgerst, dann fahre ich auf der Stelle meine Antennen ein."

„Und ganz ehrlich ...", betont sie jetzt etwas verhaltener. „Ich habe Angst! Angst, dass ich es nicht schaffe, mir das alles noch eine Etage tiefer anzuschauen. Oder, dass es nicht klappt und ich wieder in das nächste Drama rutsche. Ich habe einfach keine Kraft mehr für Dramen. Das letzte war schon sehr heftig. Ich bin müde. Und vergiss' bitte nicht mein letztes Jahrzehnt, das nur aus spiritueller Innenarbeit bestand. Ich habe eine Vorbildung und nicht mehr soviel Zeit." Über ihren letzten Satz muss Paula nun selbst grinsen.

Lukas schickt ihr wieder seinen warmen Gänsehautstreichler und tröstet: „Es wird gar nicht so schlimm, du wirst sehen. Aber wenn du künftig dramenfreie Verbindungen eingehen möchtest, dann müssen wir erst die Dramen in dir und deine Resonanz darauf aufspüren. Du weißt ja um die Gesetze. Es geht immer noch eine Schicht tiefer. Deine völlige Isolation jetzt ist ja wohl auch keine Dauerlösung. Ich werde dann mal wieder verschwinden. Denke noch einmal über meinen Vorschlag nach und wenn du möchtest, bin ich bereit. Ruf mich einfach."

Paula nickt, winkt Lukas müde hinterher. Dann startet sie in ihren Tag, indem sie das Frühstücksgeschirr aus dem Wohnzimmer in die Küche trägt und es gleich abwäscht. Sie mag ihre kleine Küche und freut sich sogar darüber, wieder per Hand abwaschen zu können. Das ist richtig meditativ. Noch vor einem halben Jahr hatte sie eine moderne Küche und einen Geschirrspüler gehabt. „Trennung ist fast so wie abgebrannt!", spricht sie laut zu sich selbst, aber es klingt nicht bitter. Sie liebt ihre Wohnung im Plattenbau, die sie schlicht, aber mit Liebe und ganz nach ihrem eigenen Geschmack eingerichtet hat. Eine gut bezahlbare Miete, einen See fast direkt vor der Haustür und die Nähe zu ihrer Mutter und ihrer Tochter, machen es Paula sehr leicht, sich in ihrem neuen Nest wohl zu fühlen.

Während sie dann nach dem Abwaschen noch die Zimmer durchsaugt, fliegen ihre Gedanken zu der geplanten Innenarbeit mit Lukas. Sie formen sich zu chaotischen Klumpen, machen Angst, immer wieder Angst.

Paula versteht das nicht, denn sie hat sich schon so vieles angesehen, soviel aufgelöst, selbst Rückführungen unter therapeutischer Anleitung gemacht, um zahlreiche Traumata und Verletzungen zu heilen, um letztendlich aus dem Opfer-Status herauszufinden.

Was macht ihr jetzt noch solche Angst? Was lauert da? Sie findet keine Antwort und tut das, was sie in solchen Situationen meistens als hilfreich empfindet: Ablenkung durch Häkeln.

Manchmal klären sich dabei ihre Gedanken auf überraschende Weise.

Am späten Abend dieses Tages schmerzen ihr so die Finger, dass sie die angefangene Decke beiseitelegt und ratlos nach Lukas ruft.

Er erscheint sofort und tröstet. „Das ist normal, dass du jetzt so reagierst. Die Energie baut sich auf bis zu einem gewissen Punkt, damit wir dann das Thema gemeinsam anschauen und klären können. Die Angst, die du jetzt spürst, bringt dich an diesen wichtigen Punkt, er ist der Startschuss für deine neue Zukunft, in der du alles Alte friedvoll integriert und somit geheilt hast."

„Wie soll das denn funktionieren, Lukas?", hinterfragt Paula, schon fast verzweifelt von dieser unangenehmen Angst, die in ihrem Bauch wühlt.

„Wir gehen gemeinsam noch einmal in die Vergangenheit, um eine göttliche Ordnung darin zu entdecken und die Essenz des Ganzen zu finden", antwortet Lukas und versucht es noch genauer zu erklären. „Diese Essenz ist der Schatz deines bisherigen Lebens, ein großer Teil, weswegen du überhaupt hierhergekommen bist. Das Abarbeiten, wie du es immer nennst, ist erledigt. Glaub mir!"

„Bist du sicher?", wirft Paula skeptisch ein. „Gerade jetzt habe ich das Gefühl, immer noch eine Müllhalde im Inneren zu beherbergen."

„Keine Panik!", ruft Lukas laut. „So schlimm ist es nicht.

Aber das Neue kann erst erscheinen, wenn auch deine Gedanken- und Gefühlswelt dies begriffen hat, wenn dein Körper es in jeder Zelle angenommen hat. Der Geist ist viel schneller als dein irdisches System. In dir sind immer noch tiefe Ängste, die das Neue verhindern, weil sie es ständig in alte Kategorien und Vorstellungen verpacken wollen. Deine Erfahrungen, die dir ja dienlich sein sollen, blockieren momentan noch, indem sie Ängste verursachen. Es gilt, eine neue Sichtweise zu erreichen, warum dir das alles geschehen ist. Es gilt, den ganz tiefen Sinn darin zu finden, keine oberflächlichen psychotherapeutischen und spirituellen Erklärungen. Verstehst du das?"

Paula schaut nachdenklich und antwortet: „Verstehen? Weiß nicht. Vielleicht ahne ich eher, was du meinst. Aber das ist in Ordnung. Irgendetwas in mir will sich unbedingt einlassen und das ist stärker als die Angst. Ich bin startklar. Lass uns beginnen."

Lukas empört sich: „Hast du einmal auf die Uhr gesehen? Nach der ganzen Grübelei heute bist du nur noch reif für dein Bett. Wir fangen diese Woche an, versprochen. Dazu brauche ich dich aber erholt, frisch und wach."

Paula wirft lächelnd eine Kusshand in die Luft, schnappt sich den müden, knurrenden Hund und geht im Wesentlichen beruhigt schlafen.

In dieser Nacht hat Paula einen seltsamen Traum. Er fühlt sich schön an und so leicht, als wenn die sonstige Schwere des Körpers einfach aufgehoben wurde. Paula sieht sich in diesem Traum selbst von außen. Beim Bogenschießen! Gleichzeitig erlebt und fühlt sie sich aber auch. Jede Bewegung ist mühelos und voller Anmut. Sie spannt den Bogen, spürt diese Spannung in ihren Armen, fokussiert sich eine Weile auf die Zielscheibe und lässt dann im genau richtigen Moment los, sodass der Pfeil sich löst. Er pfeift durch die Luft, trifft mitten ins Schwarze. Glücksgefühle durchströmen Paula und als sie in diesem Traum an sich hinunter schaut, sieht sie sich völlig anders als in der Tagesrealität. Keine Speckrollen, sie ist gertenschlank und trägt ein leichtes Sommerkleid. In dieser schönen Energie der Leichtigkeit und sich des Traumes bewusst, wacht Paula am nächsten Morgen entspannt auf.

Lukas stellt die Weichen

STERNENTOR 1-3-7 AUF ALTAIR

In den leuchtenden Farben Hellblau, Türkis, Gold und Purpur, strahlt der Stern Altair sein Licht in die Weiten des Universums. Geistig hochentwickelte, feinstoffliche Wesen leben hier. Viele von ihnen waren einst auf der Erde inkarniert, um sich in einer Welt der Polarität erfahren zu können. Auch Lukas' Seele gehört dazu und ist wieder heimgekehrt, nachdem er die Jenseitsebene verlassen hat.

Was für ein Tumult herrscht heute im Großraumbüro vom Sternensystem Altair. Jeder der Anwesenden hat seinen eigenen Arbeitsplatz, mehrere Geräte, die den irdischen Computern ähnlich, aber viel feiner und präziser sind. Lukas zieht eine energetische Wand hoch, um sich ungestört seinem Dienst zu widmen. Dann schaltet er mit einem Energiestrahl aus seinem dritten Auge ein Gerät ein, das sehr viel Platz einnimmt und einen großen Bildschirm besitzt. Viele Dateien fahren hoch und Lukas nimmt dies alles interessiert auf. Seit er die Jenseitsebene verlassen und wieder in seiner ätherischen Sternenheimat Altair zu Hause ist, liest er mühelos alle Schriften, erfasst sie und wertet sie in einem Bruchteil von einer irdischen Sekunde aus. Anfangs fand er das berauschend, wunderte sich immer wieder darüber, wie einfach hier alles ging. Doch bald schon gewöhnte er sich wieder an das alte Wissen und Können. Mitgefühl erfasste ihn oft, wenn er daran dachte, wie langsam ein menschliches Gehirn arbeitet, wie träge Gedankenvorgänge sind und wie schwer es auf der Erde ist, zwischen Wahrheit und Illusion zu unterscheiden. Es lag schließlich noch nicht lange zurück, als auch er so lebte. Die Erde, dieser wunderbare Planet der Polarität, bewohnt mit mutigen Seelen, die sich mit dem Vergessen, neuem Erkennen und vielen Erfahrungen auseinandersetzen, um letztendlich nach diesem verkörperten Lernprozess wieder erfüllt und bereichert in ihre Ursprungsenergie zurückzukehren. Oder aber sie tauchen nach einer Ruhephase wiederholt in einen Körper ein, um die irdische Welt jedes Mal noch intensiver zu erfahren und zu verstehen. Lukas und auch Paula – ebenfalls eine Seele von Altair –, sie hatten diesen Weg schon so unzählige Male beschritten, dass sie nun als sehr alte Seelen ihre Inkarnationslaufbahn beenden wollten. Lukas hatte es bereits vollzogen und Paula, seine mutige Paula, sie sollte noch einiges erfahren und bewirken, bevor es auch für sie Heimkehr heißen würde. So war es abgesprochen vor langer, langer Zeit. Auf ihrem Stern Altair hatten sie natürlich andere Namen als auf der Erde, aber Lukas wollte so lange Lukas heißen, bis Paula ebenfalls wieder zu Hause sein würde.

Während Lukas nun auf spezielle Bilder wartet, weil sein Transponder – so heißen solche Geräte auf Altair – noch diverse Erdmagnetfelder scannt, überdenkt er noch einmal seinen Plan. Es ist ein Plan der besonderen Art, der Paula vieles erleichtern würde. Für ihre restliche Inkarnationszeit soll sie in eine neue, sehr hohe Energie versetzt werden, in der sie dennoch weiterhin als Mensch denken und fühlen kann. Nur eben wesentlich einfacher. Lukas will sie endlich glücklich sehen. Sie soll bewusst, erfüllt und mit vollem Kraftpotential ihre letzten irdischen Aufgaben lösen dürfen.

Dazu war es zuallererst notwendig, jegliche Erfahrungen der Vergangenheit in einer Art Transformationsblase zusammenzufassen. Dies funktioniert einmal über Erkenntnis und Verstehen, über Einweihungen zur Energiesteigerung, aber auch über diverse Körpergefühle und energetische Operationen. Die besagte Transformationsblase wird dann an einem sicheren Ort ihres Systems fest integriert, aber abrufbar ist jeglicher Inhalt nur noch dann, wenn eine reale Gefahr besteht. Für ihr neues Leben ist Paula längst auf einer Reise, auch wenn sie oft an all dem, was in ihrem Inneren geschieht, zweifelt. Am Ende dieser Reise würde sie zurückgekehrt sein in die absolut reine Unschuld, die jedem Wesen ursprünglich zuteil ist. Natürlich wird Paula dadurch weder wertvolles noch lebensbejahendes Wissen verlieren. Die Unschuld hat auch nichts mit Hilflosigkeit oder Naivität zu tun, so wie es auf der Erde gerne manchmal interpretiert wird. Diese zurückgewonnene und in eine hohe Energie versetzte Unschuld wird so stark sein, dass sie unangreifbar ist. Nach ihrer Reise wird es Paula unter anderem unmöglich sein, neue Ereignisse in alte

Schubladen der Vergangenheit einzuordnen. Sie wird mit einer, für Erdbewohner überdurchschnittlich kosmischen Intelligenz leben, die sich hauptsächlich durch die Fähigkeit zum mehrdimensionalen, statt dem gewohnten linearen Denken erklären lässt. In einer Welt voller Wunder darf Paula dann leben, wertungsfrei, soweit dies eben in der irdischen Polarität möglich ist. Jede Berührung, die sie dann einem Menschen schenkt, wird sich einbrennen wie ein Feuer, wie eine unauslöschliche Flamme von Liebe. Ihre Augen werden nach und nach an Magie gewinnen, der sich niemand entziehen kann. Bis es soweit ist, wird sie vielen wichtigen menschlichen Spiegeln und Lehrern begegnen, die ihr den Weg weisen oder sie einfach nur erkennen. Ein Prozess, der zeitlich nicht einzuordnen ist, sondern von vielen Faktoren abhängt.

Lukas kritzelt mit einem Energiestrahl lustige Comics von Paula auf eine Platte und ist fast ärgerlich, dass er ihr seine Kunst nicht auf diese Weise zeigen kann. Schon zu Lebzeiten liebte er es, zu zeichnen. Karikaturen waren seine Spezialität und nun braucht er dazu keine Hilfsmittel mehr und keine Zeit.

Er zeichnet mit dem Geist Comics von Paula, wie sie als Zauberin durch ihr weiteres Leben geht. Mal verwandelt sie sich mit ihrem Zauberwissen in eine alte Hexe, dann wieder in eine Fee, einen Clown oder ein kleines Kind. Sie ändert zwar ihr Aussehen, aber die Augen bleiben dieselben. Tiere, die sie so liebt, begleiten sie. Raben, Katzen, Hunde, all das erscheint in Lichtgeschwindigkeit auf der Zeichenplatte. Lukas hat viel Spaß dabei und vergisst fast den Grund, aus dem er den Transponder hochgefahren hatte.

Dieser piept bereits, weil er fertig ist mit dem Laden der

gewünschten Daten aus dem Erdmagnetfeld.

Lukas prüft die Daten, freut sich und sagt zufrieden grinsend: „Das passt perfekt!"

Auf dem Bildschirm erscheint ein männliches Gesicht, es wird schärfer in allen Konturen und dann sieht man viele silberne und goldene Fäden, die sich um das Gesicht legen, als würden sie darauf angepasst. Das ist die Seelenmatrix dieses Menschen. Rundherum wird alles in unglaublich schöne Farben getaucht und leise Töne vollenden dieses Bild. Lukas drückt auf eine Art Speichertaste. Jetzt lässt er das Gesicht von Paula daneben auf dem Bildschirm erscheinen, ebenfalls in dieser Art. Lukas ist begeistert und ruft laut: „Perfekt!"

Jetzt müssen sich die beiden nur noch zum richtigen Zeitpunkt treffen. Ein Kinderspiel!

Ein denkwürdiger Tag

Paula sitzt wie fast jeden Morgen beim Frühstück vor dem Laptop und checkt ihre Mails.
„Langweilig, langweilig, langweilig ... löschen, löschen, löschen ...", murmelt sie als Antwort auf eine Werbemail. Sie gähnt so laut, dass ihr Hund sich erschrocken unter den Tisch zurückzieht.

„Stelle dich nicht so an, Mr. Darcy", sagt Paula zu ihm. „Das Gähnen befreit und entspannt mich, solltest du auch mal versuchen, alter Freund!"

Da klingt ein vertrautes Lachen in ihre noch trägen Gedanken. „Wie kann man so ein schönes, göttliches Geschöpf wie diesen Hund nur Mr. Darcy nennen? Oh, oh!"

Paula fühlt den üblichen warmen Schauer und freut sich. „Also, erst einmal einen wunderschönen guten Morgen, lieber Lukas. Seit du tot bist, wirst du immer unhöflicher. Momentan scheint es auch zur Gewohnheit zu werden, dass du zum Frühstück erscheinst? Und der Name *Mr. Darcy* ist für meinen göttlichen Hund eine Ehre, die er durchaus zu schätzen weiß. Mr. Darcy ist nämlich mein absoluter Traummann. So!"

„Waaaas?", ruft Lukas entsetzt. „Ich dachte, ICH wäre dein Traummann!!"

„Selbst schuld" kontert Paula. „Du hast es ja vorgezogen zu sterben, anstatt mir hier das Händchen zu halten. Mr. Darcy dagegen ist kuschelig, behaart, schnarcht, hat immer Hunger und liebt mich abgöttisch. Also, ich meine jetzt den Hund. Nicht den Schauspieler, den Mr. Darcy aus *Stolz und Vorurteil*. Obwohl der absolut top ist. Tolle Augen, schön bockig, eigenwillig und dennoch zeigt er immer Interesse, Achtung und Respekt für seine Elizabeth Benett … das mag ich. So einer würde auch zu mir passen." Paula lacht und wedelt mit der bewussten DVD zu Jane Austens Buch, die immer griffbereit in ihrem Sessel liegt, gleich neben dem Korb mit der Häkelwolle.

„Nein, meine Liebe, ich habe dir schon jemand anderen ausgesucht und bereits einmal kurz eure Energiefelder verknüpft. Glaube mir, ich weiß am besten, was gut ist für dich." beteuert Lukas.

„Ach, so wie bei den vielen anderen bisher auch?", antwortet Paula zynisch. „Das habe ich gemerkt. Schönen Dank auch. Aber ich weiß ja deine Antwort ohnehin schon: Es waren immer Männer, die mir in meiner Entwicklung gedient haben, genauso wie ich ihnen auch. Blabla. Reibung ist notwendig um gewisse Energien in Gang zu bringen. Lukas, ich habe keine Lust mehr auf diesen ewigen Stress, diesen Kampf, die extreme Verschiedenheit in allen Lebensbereichen, die ständigen Wechsel von kurzem Glück und langer Enttäuschung. Ich habe all die schlauen Bücher darüber gelesen, alles tapfer durchgestanden mit den betreffenden Personen. Ich bin tatsächlich daran gewachsen! Was in Gottes Namen kommt jetzt wieder?"

Lukas lässt Paula in Ruhe schimpfen und erklärt dann freudig: „Diesmal kommt in Gottes Namen jemand, der dir in der Gefühls- und auch der Gedankenebene so dermaßen in allem gleicht, dass du dich nur noch wundern wirst. Eure seelische Matrix ist fast identisch, nur eure bisherigen Lebenswege verliefen komplett verschieden. Darin liegen soviel Ergänzung und friedvolles Wachstum. Und darauf freue ich mich."

„So wie damals bei uns beiden?", fragt Paula immer noch misstrauisch, aber mit einem winzigen Hoffnungsschimmer in der Stimme.

„Ja, ähnlich. Nur noch bewusster, erwachsener und auch über einen anderen Zeitraum als bei uns. Der Punkt ist, dass ihr erst jetzt füreinander reif werdet. Vorher hättet ihr euch als gegenseitige Spiegel nicht ertragen, weil ihr beide auf verschiedene Weise ein massives Problem mit Selbstliebe hattet. Gleichheit auf Gefühlsebene kann in beidseitiger Bewusstheit sehr aufregend sein."

„Naja, ich lasse mich überraschen", sagt Paula mit dem üblichen Zweifel in der Stimme. Schließlich hatte sie genug erlebt in den letzten zwanzig Jahren und allen Grund dazu, sich keinerlei Illusionen über einen Märchenprinzen zu machen.

Märchenprinzen sind eher unreife oder verwöhnte Bürschchen. Wenn schon, dann wünscht sie sich diesmal einen König! Lukas, der wie immer seine telepathischen Antennen auf Empfang hat, mischt sich an dieser Stelle ein und sagt in ihre Gedanken hinein: „Ein solcher König wünscht sich aber auch eine echte Königin. Bist du denn eine?"

Paula knirscht mit den Zähnen und fühlt sich getroffen. Von einer Königin ist sie wahrlich noch weit entfernt. Irgendwann wird sie einmal aufschreiben, was eine waschechte Königin ausmacht und dann diszipliniert Punkt für Punkt beherzigen, lernen und leben. „So sei es!", ruft sie laut und lächelt wieder.

Lukas macht derweil keine Anstalten, wieder zu entschwinden und verwundert fragt Paula: „Und? Was gibt es noch?"

„Willst du mich loswerden?", lacht er. „Im Ernst, ich bleibe heute länger. Denn heute fangen wir an."

„Womit?", stellt Paula sich dumm, obwohl sie es längst ahnt.

„Nun, wir fangen an, dich vollkommen neu auszurichten. Und dazu brauche ich dich, meine kleine Dichterin am Laptop. Denn als Einstieg gibt es heute ein Gedicht, dessen Schwingung dich bereits in eine neue Energie katapultiert und mit dir alle Menschen, die es lesen. Du kannst es also gerne im Internet veröffentlichen, in deinem Blog."

„O. K.", stimmt Paula zu. „Und dann?"

„Wenn du das Gedicht aufgeschrieben hast, werde ich für heute gehen. Aber ich komme morgen wieder und dann geht die richtige Arbeit los, jeden Tag ein Stück weiter, bis du vollkommen leer bist, mein Schatz."

„Oh je, das kann ja heiter werden", seufzt Paula, setzt sich aber bereitwillig an ihren Laptop und schreibt das von Lukas durchgegebene Gedicht auf.

Für mich

Ausgegrenzt, verlassen, unsichtbar?
Langsam wird der Spiegel wieder klar.
Hinter Kälte das Herz noch warm pulsiert,
ruft um Hilfe, sodass es nicht erfriert.
Spiegel zeig' die Wahrheit und das Licht,
zeig' mir ungeschminkt nur mein Gesicht.

Meine Hand zieht die Furchen durch das Feld,
aufgewühlt, nicht wissend, was es hält.
Fremde Macht sät und erntet Tag und Nacht,
ich hab nie darüber nachgedacht.
Und mein Herz ist die Sonne, hell und heiß,
meine Tränen der Regen, der nichts weiß.
Doch ab Jetzt, so gewaltig und auch sacht,
ja, ab Jetzt, da geb ich auf mich Acht.

Niemals mehr ohne Wissen und Geduld,
niemals mehr geb' ich einem anderen Schuld.
Meinen Weg, den geh' ich ganz allein,
niemals mehr fühl' ich mich machtlos oder klein.
Spiegel zeig' die Wahrheit und das Licht,
ja, das ist mein einziges Gesicht.

Meine Hand zieht die Furchen durch das Feld,
ganz genau seh' ich, was ist dort bestellt.
Eigenmacht sät und erntet Tag und Nacht,
ich hab gut darüber nachgedacht.
Und mein Herz ist die Sonne hell und heiß,
meine Tränen der Regen, der wohl weiß.
Denn im Jetzt, so gewaltig und auch sacht,
ja im Jetzt, da geb ich auf mich acht.

Und der Himmel er spannt sich um die Welt,
irgendwo regiert dort Macht und Geld.
Aber in mir ist nur Frieden und ich weiß,
ganz genau, wer ich bin und wie ich heiß'.

Sprachlos sitzt Paula vor dem fertigen Gedicht. Sie, die Dichterin und Texterin, die bereits unzählige Gedichte, Geschichten, Werbetexte, ja selbst mehrere Bücher geschrieben hatte, sie wundert sich, was da aus ihr herausgekommen ist. Ein völlig anderer Stil als sonst.

„Lukas, Lukas …", murmelt sie. „Was wird das denn jetzt?"

Doch Lukas ist nicht mehr da und so spürt sie heute noch mehrfach in dieses Gedicht und die einzelnen Worte hinein. Nach dem Lesen fühlt sie eine neue Energie in ihrem Kopfbereich, die jedes Mal stärker wird. Sie zieht sich hinunter durch ihre Wirbelsäule. Irgendetwas richtet sie auf und auch neu aus, das spürt sie sehr genau.

Die Arbeit
Gespiegelte Wahrheiten

Am nächsten Morgen wacht Paula in einer ihr fremden Stimmung auf. Es ist, als wenn sich die bekannte Angst mit Vorfreude und Herzklopfen mischt. Sie träumte merkwürdig, kann sich aber an Einzelheiten nicht erinnern, nur an ein riesiges Buffet mit Essen und vielen Menschen darum herum.

Egal!, denkt sie. *Erst einmal frische Luft, Gassi mit Mr. Darcy und dann sehen, was Lukas so vorhat.*

Draußen im Park ist es noch herrlich frisch zu dieser frühen Stunde, was Paula und auch Mr. Darcy sehr begrüßen, weil beide Hitze überhaupt nicht mögen. Das frühe Aufstehen ist für Paula nie ein Problem gewesen, sie liebt die Morgenstunden, die frische, unverbrauchte Luft und einen fast menschenleeren Park. Und sie genießt es nach ihrer Rückkehr, aufgeladen mit Frische, zu schreiben. Das Schreiben ist in den letzten Jahren zu ihrer Berufung geworden. Auch wenn sie davon bis heute nicht leben kann, sie bleibt dabei, sie liebt es und ist einfach glücklich, wenn etwas Neues aus ihr herausfließt. Sei es eine mediale Botschaft für einen anderen Menschen, für sich selbst oder aber die Gedichte und Geschichten aus ihrem eigenen Kopf. Das Schreiben macht sie glücklich. Heute nun soll die gemeinsame Arbeit mit Lukas beginnen. Paula weiß nicht, was genau auf sie zukommt, aber sie ahnt, dass es sehr bedeutsam wird für ihr künftiges Leben.

Lukas erwartet sie wie gehabt beim Frühstück. Er drängelt ein wenig, weil er spürt, dass Paula flüchten möchte, indem sie ewig lange an ihrem Kaffee nippt.
Doch dann ist sie bereit, ein neues Dokument im Laptop ist geöffnet und so kann es losgehen. Fließend schreibt sie Lukas' Worte nieder:

> Paula, meine Liebe, in unserer Lektion gehen wir noch einmal das Thema Resonanz durch. Dass alles, was dir geschieht, immer mit deiner Resonanz zu tun hat, muss ich dir ja nicht langatmig erklären, darüber hast du genügend gelesen und erfahren. Gehen wir einmal deine männlichen Spiegel nach meinem irdischen Tod durch. Die, die besonders lehrreich waren.
>
> **Spiegel 1: Ohnmacht und Todessehnsucht**
> Paula, ich denke, du weißt, wen ich meine. Oder? Hier geht es um den Mann, der dich in die größte Angst versetzte, indem er dir sehr glaubhaft Lügengeschichten erzählte, die selbst Baron Münchhausen Konkurrenz gemacht hätten.
> *Ja, ich weiß es, Lukas, natürlich. Dieser Mann nutzte meinen desolaten Zustand, damals ein Jahr nach deinem Tod, bis ins kleinste Detail für sich aus. Die Ängste, die ich in*

dieser Zeit ausstand, werde ich wohl nie vergessen. Ständige Anspannung, zerreißende Nerven und dennoch immer wieder der Glaube an das Gute in diesem Menschen. So merkte ich es gar nicht, wie er mir nach und nach mein Geld aus der Tasche zog, mit den fadenscheinigsten Gründen.*

Ja, er machte dir Angst, verschwieg vorerst seine Arbeitslosigkeit und Spielsucht. Erst als du einen anonymen Brief von einer Frau bekamst, die ihn und seine Abgründe kannte, es also gut mit dir meinte, da fingst du an, seine Glaubwürdigkeit anzuzweifeln. Wie fühlte sich das an für dich?

Erst wollte ich es verdrängen, aber das funktionierte nicht. Meine Wut wuchs und ich stellte ihn endlich zur Rede, wollte ihn dazu bewegen, bei mir auszuziehen. Dann ging ich richtig durch die Hölle. Ach Lukas, muss ich das jetzt wirklich noch einmal durchleben? Es ist immer noch schmerzhaft, ich spüre, dass ich mich für all das immer noch verurteile, vor allem für meine Gutgläubigkeit.

Liebes, bleib in der Geschichte. Jetzt nicht abschweifen. Erinnere dich! Du wolltest ihn aus der Wohnung werfen, nachdem du endlich klar sehen konntest, was für ein Spiel er spielt. Und das Ergebnis? Körperliche Gewalt! Gehe bitte noch einmal bewusst in diese Situation.

Ja, ich versuche es. Nach dem heftigen, bis dahin rein verbalen Streit, lag ich plötzlich auf dem Boden und er versuchte, mich mit einem Kissen zu ersticken. Meine kleine Tochter, meine Jasmin, sie stand daneben und musste zusehen. Lukas, es geht nicht, ich kann das nicht mehr aufrollen.

Ich helfe dir. Bleib bitte in dieser Emotion. Natürlich war das ganz schlimm für Jasmin, dich so hilflos zu sehen, aber sie schrie dann so laut, dass er Angst vor den Nachbarn bekam und dadurch endlich von dir abließ. Kurz bevor du ohnmächtig geworden wärst.

Ich spüre immer noch dieses Würgen, Lukas, die Atemnot und die fürchterliche Panik. Aber dann kehrte, durch den Gedanken an Jasmin, die Kraft mit einer Wucht in mir zurück. Ich sprang auf, nahm Jasmin auf den Arm, flüchtete ins Schlafzimmer und schloss uns dort ein. Wie im Wahn hielt ich meine Tochter dort die ganze Nacht im Arm, sang leise Kinderlieder und nahm gleichzeitig wahr, wie der Mann durch die Wohnung lief, die Schranktüren aufriss, um sie kurze Zeit später fluchend wieder zuzuknallen. In den frühen Morgenstunden hörte ich die Wohnungstür ins Schloss fallen. Stille, endlich Stille. Ich riegelte schnell die Tür von innen ab, ließ den Schlüssel im Schloss stecken und nahm meine verwüstete Wohnung kaum zur Kenntnis. Instinktiv wusste ich, was fehlte und es bestätigte sich. Mein Bargeld, die EC-Karte und das Sparbuch, welches damals noch nicht personengebunden oder durch ein Kennwort gesichert wurde, alles war verschwunden. In diesem Moment erschien mir das aber unwichtig. In Eile und immer noch in Panik machte ich Jasmin Frühstück, dann gingen wir zu meiner Mutter, die gefasst alle nötigen Schritte einleitete, die Nerven behielt und uns vorerst beschützte. Lukas, ich weiß überhaupt nicht mehr, wie ich diese Zeit überstehen konnte, denn damit war es noch lange nicht vorbei.

Nein, das war es nicht. Er nahm dir dein gesamtes Geld, sodass du völlig mittellos dastandest. Aber das war noch nicht das Schlimmste. Deine Mutter half finanziell und begleitete dich auch zu den nun notwendigen Behördengängen. Doch vor den monatelangen Drohungen danach konnte sie dich leider nicht beschützen. Die musstest du irgendwie aushalten, genauso wie die aufgebrochene Garage und dein mit einem Hakenkreuz zerkratztes Auto. Dazu die Tatsache, letztendlich keinerlei Hilfe von den Behörden und der Polizei zu bekommen. Selbst, als er drohte, dein Kind umzubringen, wurdest du von dieser Seite alleine gelassen.

Oh, wie hat mich das damals verbittert. Diese Zeit so kurz nach der Wende, sie war hart. Heutige Begriffe, wie z. B. Stalking *und dementsprechende Gesetze gab es noch nicht. Ich fühlte mich so hilflos und ausgeliefert wie noch nie in meinem Leben.*

Und dennoch, meine Paula, gab es Menschen, denen es nicht egal war, was da passierte. Denk an deine Mutter, die hilfreiche Arbeitskollegin und zwei engagierte Kindergärtnerinnen, die dich und dein Kind in dieser Zeit beschützten. So lange, bis der Spuk wie durch ein Wunder ein Ende fand und der Mann endlich aus deinem Leben verschwand.

Paula, wie geht es dir jetzt, nachdem wir diese Geschichte noch einmal aufgerollt haben?

Schlecht, Lukas. Obwohl ich dachte, dass ich es längst abgearbeitet habe in den vielen Therapien, die dieser Zeit folgten.

Rein psychologisch hast du das auch. Ich möchte dir hiermit nur aufzeigen, warum du diesen brutalen und hinterhältigen Menschen anziehen konntest.

Damit du dir selbst endlich vergeben kannst. Dass du begreifst, wohin dich dieses und die folgenden Erlebnisse bis heute geführt haben. Das Thema *Gewalt* im Kontrast zu *Ohnmacht* spielt eine große Rolle. Aber zurück zum Spiegel 1-Mann. Nach meinem Tod hielt dich psychisch und körperlich nur noch deine Tochter und die Verantwortung ihr gegenüber am Leben. In Wirklichkeit wolltest du am liebsten auch sterben. Einschlafen und nie wieder aufwachen. Deine Todessehnsucht wuchs dermaßen, dass sie jemanden anzog, der psychisch krank genug war und es liebend gerne vollzogen hätte, dich ins Jenseits zu befördern. Nur die Energie deiner kleinen Schutzengel-Tochter war damals schon derart hoch, dass er es letztendlich doch nicht konnte und lieber mit deiner Geldkarte und den Sparbüchern flüchtete.

Deine Ohnmacht dem Leben und dem Schicksal gegenüber, ließ ihn als mächtigen Täter all das begehen, auch die anschließenden Drohungen. Er wusste, er würde alles bekommen, weil du in dieser deutlich sichtbaren Ohnmacht und damit Handlungsunfähigkeit verharrtest. Doch das sollte nicht dauerhaft dein Schicksal sein und sieh' einmal genau hin, wie sehr du beschützt wurdest. Von deiner Tochter, deiner Mutter und einem letzten mutigen Freund, der dir half. Damals wolltest du vollkommen verbittert nur noch die Menschen sehen, die nicht mehr da waren, die dir aus Angst die Tür vor der Nase zuschlugen. Und unsere geistige Hilfe konntest du zu dem Zeitpunkt noch gar nicht wahrnehmen. Verstehst du diesen ersten Lernprozess? Der Leidpegel stieg und stieg und führte dich ein halbes Jahr später zum nächsten Spiegel. Aber dazu später. Wir bleiben noch kurz bei der Geschichte. Ich fasse einmal zusammen:

Ohnmacht zieht Macht an, Opfer den Täter und Todessehnsucht damit einen potentiellen Mörder. Dein tief sitzender Glaube, mit mir Alles verloren zu haben, zog dir dein materiell gesichertes Leben für eine Weile unter den Füßen weg. Damit es überhaupt weitergehen konnte, waren Helfer da, irdische und unsichtbare. Denn dein Weg fing damit ja gerade erst an.

Sag mir aus deiner Sicht, was hast du heute für einen Blick auf diesen ersten gnadenlosen Spiegel-Mann und die damit verbundene Geschichte?

O. K. Mir ist klar, dass ich damals vollständig in der Opferrolle feststeckte, wofür ich mich aber aufgrund der krassen Situation nicht mehr schäme. Meine Trauer um dich, mein ohnehin wenig ausgeprägtes Selbstbewusstsein und die Todessehnsucht, sie zogen diesen Mann verständlicher Weise magisch an. Er war wirklich ein perfekter Schauspieler, täuschte am Anfang nicht nur mich, sondern auch mein gesamtes soziales Umfeld. Was ich erst jetzt deutlich sehe ist die Tatsache, dass diese riesige Todessehnsucht in mir danach gänzlich verschwand. Sie war einfach weg. Ich fand mein Leben zwar immer noch schrecklich, aber ich wollte plötzlich wieder leben. Sei es am Anfang vielleicht auch nur deswegen, damit ich meinem Kind und meiner Familie nicht zumuten musste, mich zu beerdigen. Doch ich fing tatsächlich wieder an zu leben. Ja, Lukas, das wird mir gerade voll bewusst.

Und du hast recht. Ich muss MIR noch einmal richtig ehrlich vergeben. Dem Mann habe ich längst vergeben. Ich verstehe, dass er nur eine Art Hilfsdienst an mir verübte. Er selbst als Person berührt mich in keinster Weise mehr. Dafür waren die Therapien gut. Aber mir, nein, mir selbst habe ich nicht wirklich vergeben. Nur mein Kopf suchte flüchtig nach Entschuldigungen. Mein Herz aber blieb starr, weil ich solche Schuldgefühle hatte, die echte Vergebung nicht zuließen. Vor allem meiner Tochter gegenüber, die dadurch ja auch lange Zeit psychische Probleme und Ängste quälten. Meine kleine Jasmin, sie war gerade einmal vier Jahre alt zu dieser Zeit.

Ja, sie war damals gerade vier, aber dennoch ist sie eins von den neuen Kindern, von den Kämpfern, die in einer sehr hohen Energie auf diese Erde kamen, um zu verändern. Deine Tochter ist ein wunderbares Indigo-Kind, du kennst ja diesen Begriff. Sie ist zu dir gekommen, sie wollte genau dich als Mutter, mit genau diesen Erfahrungen. Deshalb war dein Weg auch ihr Weg. Verstehst du das? Kannst du dir jetzt in diesem Moment endlich selbst verzeihen und den genialen Lernprozess hinter dieser Geschichte sehen? Es war der Beginn, dich aus der Opferrolle zu befreien, sehr hart und leidvoll, aber es ging nun einmal nicht anders. Du hast diesen Weg als Seele so gewählt. Was meinst du, meine liebe Paula, kannst du dir vergeben? Jetzt? Fühl einmal in dein Herz."

Paula bricht zusammen – alle aufgestauten Gefühle wollen fließen. Sie weint so sehr, dass sie kaum noch schreiben kann. Etwas in ihr streichelt ihr Herz mit tiefer Vergebung, mit unendlich viel Liebe, sodass sie es kaum ertragen kann.

Und sie ahnt, dass dieses *Etwas* die Quelle ist. Die Quelle des Seins, die wir alle in uns tragen, die wir aus unserer Angst heraus nur viel zu selten spüren können, was Momente wie diesen so besonders machen.

Es bedarf einer großen Öffnung in einer sehr tiefen Ebene, um die Quelle wieder wahrnehmen zu können, so bewusst, so körperlich. Es ist noch tiefer und anders, als wenn man die Präsenz von Engeln oder Meistern spürt, es ist eben absolut ursprünglich. Die Essenz dessen, was wir alle sind, ob Lichtwesen, Mensch, Tier oder Pflanze.

Liebe pur! Paula spürt auf tiefster Ebene einen Heilstrom, der alles mitnimmt, was zu dieser alten Geschichte gehört, all die Schuld, die Selbstvorwürfe, ja auch die Verdrängung und Abspaltung aus Angst.

Lukas wartet und lässt ihr Zeit, streichelt sie mit seiner unsichtbaren Hand und flüstert dann leise: „Ruhe dich jetzt aus. Wir machen morgen weiter. Danke für deinen Mut, dass du noch einmal in diese alte Spiegel-Geschichte geschaut hast. Gerade weil du sie schon so oft angesehen hast. Jetzt ist sie bald erlöst, wie auch die nächsten, noch folgenden alten Spiegel. Denn wer sich selbst nicht vergeben hat, zieht auch immer wieder Partner an, die das nicht können und so beginnt dann ein Kampf mit gegenseitigen Projektionen und Schuldzuweisungen, der letztendlich beiden nicht dient und alle liebenden Gefühle zerstört. Aber dazu noch mehr in der kommenden Zeit. Bis morgen also."

Und Paula bleibt noch eine Weile in diesem Gefühl des Heilstroms. Sie genießt ihn und atmet innerlich auf. Neue Kraft spürt sie in ihrem Körper, keinerlei Gefühl von Müdigkeit ist in ihr, wie sonst nach energetischer Arbeit. Sie spürt sogar, dass sie immer wacher wird. Diesen Tag jetzt, den wird sie genießen, das nimmt sie sich fest vor. Wach und zentriert in allem, was sie tut.

Am Spätnachmittag geht Paula, immer noch gut aufgeladen, eine Runde mit Mr. Darcy durch den Schlosspark. Tief atmet sie die frische Luft ein. Am See angekommen, sieht sie einen Graureiher, der wie eine Statue auf einem Bein steht. Seine Federn glänzen silbern in der Sonne.

Was für eine Würde und Schönheit, denkt Paula. Gänsehaut überzieht ihre Arme. Seitdem sie wieder in ihrer Heimatstadt Schwerin mit den vielen Seen lebt, begegnen diese Vögel ihr ständig. Am Himmel sehen sie aus wie kleine Düsenjets und am Boden wirken sie wie Statuen. Ein Buch über Tierboten verriet Paula unlängst, dass die Graureiher auf das Thema *Geduld* hinweisen. Wie passend! Geduld war und ist alles andere als ihre Königsdisziplin. Ihr gewaltiger innerer Antrieb, alles immer schnell und sofort zu erledigen, hatte schon oft zu Enttäuschungen und Frustration geführt. Der innere Feldwebel schrie ständig *Zackzack* und nervte mit Unruhe. Aber für diese tiefgehenden Auflösungen jetzt braucht sie Geduld, am meisten mit sich selbst. Das kann nicht einfach so nebenbei funktionieren. Die Spiegel-Männer werden sie wahrscheinlich noch einiges an Kraft kosten, das hatte sie heute früh gespürt und schließlich liegen noch vier weitere vor ihr. Dennoch weiß sie ganz genau, dass es ihr letztendlich wesentlich mehr neue Kraft schenken wird, wenn sie sich dem Prozess geduldig widmet. Energisch gibt Paula nun dem inneren Feldwebel den Befehl, ab sofort und auf unbefristete Zeit Heimaturlaub anzutreten, wo auch immer seine Heimat sein mag, und zwar *Zackzack* bitte. Tatsächlich versteht er diese Sprache, Paula wird deutlich ruhiger, sie kann ihren Spaziergang und auch den anschließenden Abend genießen. Als sie dann später im Bett liegt beschließt sie: Ab heute möge der Graureiher mein ganz persönliches Krafttier sein!

Und so folgen am nächsten Tag weiterhin Lukas' Ausführungen zu Paulas Spiegel-Männern.

Spiegel 2: Scheinharmonie und Selbsthass
Als dieser Mann ein halbes Jahr nach *Spiegel 1* in dein Leben kam, wolltest du nur eins: Harmonie, Frieden und das Gefühl von Sicherheit. Du warst damals 26 Jahre alt und fühltest dich uralt. Stimmt das so?

Ja Lukas, genauso war es. Zu der Zeit fühlte ich mich wie eine alte Frau. Ich ging zur Arbeit, holte Jasmin aus dem Kindergarten ab und schloss mich dann in der Wohnung ein. An den Wochenenden besuchten wir höchstens einmal die Großeltern. Freunde hatte ich ja kaum noch. Es war eine trübe Zeit, aber Jasmin und ich brauchten sie auch zur

Erholung. Und dennoch war ich wieder so dämlich, mir einen Mann zu wünschen. Allerdings einen, der Ruhe in mein Leben bringen würde. So einen bekam ich dann ja auch ... vorerst.

Genau. Vorerst! Schau einmal zurück. Diese Beziehung begann mit einer Lüge, an der sogar mehrere Personen beteiligt waren, die es sicherlich gut meinten, aber dich dennoch damit hintergingen. Diese Lüge schien harmlos, brachte aber gleich am Anfang Misstrauen in die Beziehung, welches ja durch die letzte Geschichte ohnehin berechtigt war ... in deinen Augen. Der Mann, deine Freundin und deine Nachbarin belogen dich mit seinem wahren Alter. Die beiden Frauen wussten, dass du ältere Männer nicht als Partner mochtest und hier waren es glatte zehn Jahre Altersunterschied. Erst als er bereits bei dir wohnte und sein Ausweis in deine Hände fiel, da wurde es dir bewusst. Doch du hast die Lüge und die Tatsache seines Alters verdrängt, redetest dir ein, es wäre ja nicht so wichtig und er sähe schließlich auch nicht so alt aus. Für andere Konsequenzen oder Streit hattest du keine Kraft. Aber das war noch harmlos. Als weiteres Problem kam hinzu, dass dieser Mann dir an Intellekt völlig unterlegen war. Gute Gespräche und ein echter Austausch kamen kaum zustande, du fingst relativ schnell an, dich mit ihm zu langweilen. Aber aus Angst vor dem erneuten Alleinsein bliebst du in dieser Beziehung. Sogar einen Umzug in eine neue Wohnung wagtest du mit diesem Mann. Durch die immer mehr aufkommende Langeweile gingst du schon bald im Außen auf die Suche nach gleichwertigen Gesprächspartnern. Neue, schöne Freundschaften entstanden, auch mit einigen Arbeitskolleginnen unternahmst du viel. Nach der längeren Isolationszeit durch Trauer und Angst wolltest du zurück ins Leben und auch endlich wieder Spaß haben. Der Mann rückte nun also mehr und mehr in den Hintergrund. Er spürte das natürlich und reagierte mit ständiger Eifersucht. Je stärker diese wurde, umso mehr entferntest du dich innerlich und äußerlich. Streiten oder diskutieren funktionierte mit ihm ohnehin nicht, denn er ging jeder Auseinandersetzung oder Aussprache aus dem Weg, verschwand sofort für Stunden im Garten oder Keller. Und du hattest zu Hause nur noch ein schlechtes Gewissen, welches du dann wieder mit Aktionismus betäubtest und verdrängtest. Das schlechte Gewissen vermischte sich immer wieder mit Schuldgefühlen deiner Tochter gegenüber. Was hattest du ihr alles angetan? Erst der gewalttätige Mann und nun dieser, der sie kaum beachtete, sie wie ein lästiges Anhängsel lediglich in Kauf nahm. Du fühltest dich immer mehr als Versagerin und schlechte Mutter. Und je mehr du dich innerlich ablehntest, umso schöner machtest du dich optisch. Plötzlich erwachte dein Interesse an Kosmetik, modischer Kleidung und allem, was dich äußerlich hervor- und von der Masse abhob.

Dem Mann gefiel das gar nicht, es schürte seine Eifersucht um ein Vielfaches. Und dann liebe Paula, was kam dann? Gewalt! Wieder Gewalt, die dich erneut in eine tiefe Ohnmacht stürzte. Doch es war keine so offensichtliche Gewalt wie bei Spiegel 1. Denk mal an euren letzten Urlaub vor der Trennung. Erinnerst du dich?

Ja und ob, die Erinnerungen verursachen Übelkeit und Angst in mir. Aber ich stelle mich diesmal, Lukas. Dieses Thema, das damals anfing verfolgte mich schließlich weiter und kam noch schlimmer. In jenem besagten Urlaub fing es an. Allein mit ihm im spanischen Hotelzimmer, während Jasmin bei der Kinderanimation war, bekam ich wieder seine Eifersucht zu spüren. Angeblich, weil ich zu sexy angezogen wäre. Vorerst verliefen die Anschuldigungen wie gewohnt verbal, doch dann schlug es um. Er warf mich aufs Bett und vergewaltigte mich auf sehr brutale Weise. Völlig gelähmt ließ ich es über mich ergehen und war außerstande, auch nur den Arm oder die Hand zu heben, um mich zu wehren. Als er wieder von mir abließ, schloss ich mich im Bad ein, duschte eine halbe Stunde lang und ekelte mich maßlos. Vor ihm und vor mir selbst. Den Rest des Urlaubs verbrachte ich in einem nicht zu beschreibenden Zustand der Angst und Ohnmacht. Als Schutz achtete ich darauf, dass Jasmin immer bei mir war. Und ich wusste nun genau: Ich bin eine Versagerin. Denn ich hatte es nicht geschafft, mich gegen den Mann zu wehren. Das traf mich damals schon bis ins Mark und zerstörte jegliches Selbstwertgefühl in mir. Nach dem Urlaub trennte ich mich schon bald von ihm, was wieder jede Menge Ärger, Drohungen und schreckliche Angst meinerseits bedeutete. Lukas, mir ist gerade speiübel!

Ja, atme einmal tief durch. Gut so! Du erkennst sicher auch an dieser Geschichte dieses Muster, das Gewalt hervorruft. Auch hier warst du Opfer, obwohl du ein selbstbewusstes Leben vortäuschtest. Aber es war eben nur vorgetäuscht und nicht echt. Dein Selbsthass, deine Schuldgefühle konnten auch in diesem Mann nur einen Täter und Zerstörer hervorrufen. Du lehntest dich, deinen Körper, dein ganzes Sein in Wirklichkeit ab, empfandest dich als wertlos und schlecht. Das Wort *Versagerin* brannte sich nun noch mehr in dir ein und schrie quasi nach Bestätigung aus dem Außen. Denn das, was du glaubst, erlebst du. So funktioniert das Spiegelgesetz. Es muss nicht bedeuten, dass du Ähnliches anziehst. Gerade die verdeckten Spiegel sind es, die genau aussagen, was du wirklich über dich denkst und fühlst. Es sind die wichtigsten, weil sie am lehrreichsten sind. Über diese brutal ehrlichen Spiegel erkennst du dich in einer absoluten Klarheit. Vorausgesetzt, du weißt um dieses Gesetz. Damals konntest du es noch nicht erkennen, denn der Lernprozess, den deine Seele sich vorgenommen hatte, ging relativ schnell weiter.

Doch ich möchte nun Spiegel 2 noch einmal zusammenfassen:

Scheinharmonie verleugnet Lebensfreude. Sie gab dir zwar Ruhe, aber auch gähnende Langeweile.

Diese Scheinharmonie brodelte im Kern, um als Lüge irgendwann enttarnt zu werden, mit einem Ausbruch, wie bei einem Vulkan. Der Mann konnte nur so handeln, denn er war dein Spiegel und damit dein Lehrer. Umgekehrt dientest du ihm genauso. Ihr habt beide die Opfer und Täterrolle abwechselnd gespielt. Erst warst du der Täter. Du lebtest nur dein Leben, hattest scheinbar Spaß, während er ausgegrenzt und eifersüchtig zu Hause saß. Dann drehte er den Spieß um, tat dir Gewalt an und zwar dort, wo er dich am meisten verletzen konnte.

Für dich war es eine Spiegelung deiner Ohnmacht, wie auch beim ersten Fall. Dieses Thema zieht sich durch alle deine Spiegel-Männer weiter, genauso wie deine Selbstablehnung. Es verändern sich nur die Details. Verstehst du das soweit?

Ja, ich verstehe das. Muss es aber noch einmal in Ruhe reflektieren. Das mit dem Aufschreiben ist wirklich eine gute Idee gewesen, Lukas. Danke!

Geht es jetzt auch wieder darum, mir in diesem Fall selbst zu vergeben?

Sehr gut, mein Schatz. Genauso ist es. Gehe wieder in dein Herz und fühle.

Es ist an der Zeit, das Wort *Gnade* aus dem Religiösen zu befreien und praktisch zu erfahren. Fühle, meine Paula, fühle!

Und Paula fühlt. Wieder lösen sich Tränen. Die Quelle, die Essenz in Paula nimmt auch diese Geschichte in ihre Arme, erlöst und befreit alte, festsitzende Gefühle und Gedanken.

Am Abend liegt Paula erschöpft und grübelnd, mit eiskalten Füßen im Bett. Unschlüssig, ob sie noch einmal aufstehen und sich warme Socken holen sollte. Nach der intensiven Innenarbeit reicht ihre Blutzirkulation anscheinend nicht bis ganz unten, die Füße sind wie abgestorben. Belustigt denkt sie an Lukas als er noch lebte und jedes Mal laut aufschrie, wenn sie ihre Eisfüße unter seine warme Bettdecke schob, ihn berührte. Jetzt als reiner Lichtkörper hat er wohl weder Kälte- noch Wärmeempfinden.

Paulas Gedanken hüpfen hin und her, sie denkt auch an den zweiten Spiegel-Mann in der Vergangenheit. Dann springt sie wieder ins Jetzt und stellt fest, dass Langeweile schon ziemlich häufig ein Thema in ihrem bisherigen Leben war. Auch zurzeit.

Woran liegt das nur? Immer diese Extreme, denkt sie. Erst Chaos mit Hektik und Angst garniert, begleitet von einer tiefen Sehnsucht nach Frieden und Ruhe in diesen Phasen. Aber dann, wenn endlich alles ausgestanden war, zeigte sich das komplette Gegenteil: Gähnende Langeweile mit Sehnsucht nach mehr Leben. Paula wünscht sich mehr Ausgeglichenheit. Sprudelndes, kreatives Leben und wohltuende Stille im Einklang.

Mit diesem Wunsch steht sie nun doch auf, um sich wärmende Socken zu holen. Kalte Füße bescheren Unruhe und schließlich ist jetzt Stille-Zeit. Eine Weile wälzt sich Paula danach noch unruhig im Bett umher, aber dann tritt sie ein in einen Traum, der sanft und warm ihr Herz berührt: Sie ist wieder Kind und schaut ihrer Oma zu, wie diese warme Socken strickt. Sie hört die alte Uhr im Wohnzimmer ticken und das

Gackern der Hühner draußen auf dem Hof. Oma sitzt in ihrem Sessel, erzählt ihr Geschichten von früher und Paula hört auch wieder ihr Lachen, das durch eine Lungenkrankheit immer mit ein bisschen lockerem Husten vermischt war. Mit diesem Lachen fällt Paula in einen erholsamen Tiefschlaf.

Am nächsten Morgen erinnert sie sich an den Traum und denkt voller Zärtlichkeit an ihre, nun schon vor dreizehn Jahren verstorbene Oma, die damals die gesamte Familie und auch sämtliche Dorfbewohner mit farbenfrohen Socken versorgte. Wie gerne hatte Paula bei ihr die Ferien verbracht, den alten Geschichten gelauscht, die Oma immer wieder aufs Neue erzählte und jeden Morgen begeistert die Hühner gefüttert. Aus diesen Ferien nahm Paula eine so zeitlose, gemütliche und herzenswarme Energie mit in ihren Schulalltag, um noch lange davon zu zehren.

In dieser entspannten Stimmung wartet Paula nach dem Frühstück auf Lukas. Sie ist bereit für den nächsten Spiegel-Mann.

Spiegel 3: Alltagsmasken, Abspaltungen, Selbsthass

So, meine liebe Paula, heute kommen wir zum dritten Spiegel-Mann, dem, der am längsten in deinem Leben blieb. In dieser Beziehung ist auch viel Positives geschehen, für das du bis heute dankbar bist. Ist es so?

Ja, Lukas. In den ersten Jahren war ich mit ihm wirklich glücklich. Natürlich nur in dem Maße glücklich, wie ich es zu dieser Zeit sein konnte. Meine Ängste, die Trauer um dich, all das Verdrängte brodelte im Hintergrund weiter. Diese Einschränkung muss ich erwähnen, denn ich weiß ja um mein Innerstes, welches ich damals einfach nicht mehr sehen wollte. Weil ich meinte, genug gelitten zu haben. Weil ich meinte, endlich glücklich sein zu müssen. Natürlich war das alles nur oberflächlich, aber geliebt habe ich den Mann schon sehr, auf meine mir mögliche Weise. Und er hat mir etwas sehr Wesentliches zurückgegeben, von dem ich glaubte, es längst verloren zu haben: Meine Jugend! Gerne erinnere ich mich an all die Unternehmungen, wie Tanzen, Freunde besuchen, Urlaub, und vieles mehr. Wir haben uns in Alltagsdingen wirklich wunderbar verstanden. Alles lief friedlich, harmonisch und niemals langweilig. Bis zu dem Zeitpunkt als mein Innerstes, mein so sorgsam Verdrängtes wieder an die Oberfläche spülte und mich ständig krank machte. Zu dem Zeitpunkt hatten wir gerade ein Haus gebaut und einen hohen Kredit aufgenommen.

Genau, meine liebe Paula, und da setzen wir jetzt an. Du weißt, dass auch dieser Mann dir nur eine Antwort auf deine eigenen und damit echten Gefühle geben konnte, deshalb hast du ihn bis heute auch nie angeklagt. Soweit konntest du die Prozesse selbst damals schon erkennen, nicht zuletzt durch den längeren Klinikaufenthalt und deine darauf langsam erwachende Spiritualität. Doch zurück zum Beginn deiner Krankheitsgeschichte.

Alles fing schleichend an: die psychosomatischen Symptome, die vorerst kein Arzt ernst nahm, deine beginnende Depression dem gesamten Leben gegenüber. Als die Paula mit den harten, selbst erschaffenen Masken kämpftest du wie eine Löwin gegen dein wahres Inneres an, wolltest es mit noch dickeren Masken verbergen. Aber es half nichts, denn dein gesamtes Körpersystem rebellierte und legte dich somit endlich lahm. Du musstest hinschauen. Zu der Zeit machtest du aber auch eine positive Erfahrung mit einer Psychotherapeutin, die dir in den folgenden Monaten und Jahren sehr half. So gab es endlich einen Ort, an dem du das Gefühl hattest, verstanden zu werden und an dem dir zugehört wurde. Die Therapeutin schickte dich nach einer Weile in die psychosomatische Klinik. Ich weiß ja, wie gerne du dich an diese Zeit erinnerst, mit welcher Dankbarkeit und Liebe für die Menschen dort, die dich in deiner Echtheit wirklich sehen und annehmen konnten. Sie waren deine ersten menschlichen Engel, die dir den Impuls gaben in eine neue Realität, in dein neues Leben zu sehen. Doch auch dieses Leben musstest du dir mühselig erkämpfen, denn das Alte lag tief in mehreren Schichten und hatte noch viel Kraft.

Der dritte Spiegel-Mann fühlte sich durch deine Krankheit und die Veränderungen nach der Klinik hilflos und verstand das alles nicht. Er wollte seine Paula zurück, die Person, die er kannte. Nicht dieses fremde Wesen, das sich plötzlich anders verhielt und anders sprach. Dieses Wesen, das sich nun in sich zurückzog, das Außen immer mehr ausblendete, ja auch nicht aushielt und einfach nicht mehr wie gewohnt funktionierte. Die Paula, die jetzt mit sich beschäftigt war, die sich selbst ansah, die ihre Muster und ihr Leben von Grund auf ändern wollte.

Das führte bei euch zu vielen Streitigkeiten und währenddessen wurde zusätzlich auch deine Arbeitssituation immer unerträglicher. Alles was nicht echt war, zerbrach auf meist dramatische Weise. Eine nächste, noch heftigere Depression rollte schon kurze Zeit nach der Klinik an. Sie nahm dich gefangen und diesmal so dramatisch, dass du Psychopharmaka einnehmen musstest. Diese Medikamente verschafften dir zumindest die Erleichterung, endlich wieder schlafen zu können und die heftigen Gefühle etwas zu dämpfen. Doch ich bitte dich nun, die folgenden Ereignisse selbst zu beschreiben, damit du sie noch ein weiteres Mal loslassen und ihren Sinn anschließend tiefer denn je erkennen kannst.

O. K., Lukas. Das, was du bis jetzt diktiert hast, wühlt mich schon ziemlich stark auf. Aber eher so wie die Geschichte einer guten Freundin, gar nicht wie meine eigene. Es ist, als ob ich die Person von damals nicht mehr bin. Sie steht mir höchstens nahe, aber ist dennoch jemand anderes. Aber gut, ich versuche nun, die weiteren Geschehnisse zu ordnen und aufzuschreiben.

In der Zeit der ständigen Depression konnte ich körperlichen Kontakt fast gar nicht mehr ertragen. Jede Berührung, sei es nur ein leichtes Streicheln am Arm oder am Kopf, löste bei mir Übelkeit, Angst und auch körperlichen Schmerz aus. Ich war extrem sensitiv. Und was ich gar nicht ertragen konnte, war Sex. In der Zeit meiner Masken hatte ich es lockerer ausgehalten, zwar nie wirklich Freude dabei empfunden, aber es war ja die einzige Form von Nähe, die es für mich gab. Und Nähe zu fühlen, war seit deinem Tod für mich überlebenswichtig geworden, also nahm ich es hin. Dazu kam die Angst, verlassen oder als unnormal abgestempelt zu werden, sofern ich mich verweigerte. Doch nun, in diesem Zustand, da konnte ich es gar nicht mehr ertragen. Ich versuchte, es dem Mann zu erklären, aber er verstand nicht, war verzweifelt und nahm es persönlich. Bald schon begann etwas, das ich ihm niemals zugetraut hätte, denn in der ganzen, bisherigen Zeit unserer Beziehung war er immer achtsam und liebevoll mit mir umgegangen. Ich kann mir seine Reaktionen heute wirklich nur als Spiegelreaktion auf meinen Selbsthass erklären. Doch nun muss ich es schriftlich ausdrücken, Lukas und das fällt mir schwer. Am liebsten würde ich flüchten, einfach den Computer ausschalten. Doch ich spüre deine Energie. Deine Liebe ist da und hält mich. Danke dafür! Also, ich schaffe das jetzt!

Einen genauen Auslöser kann ich dafür nicht benennen, es begann einfach plötzlich. So als wenn sich bei dem Mann ein Schalter umlegte. Er fing an, mich für einen großen Zeitraum, jede Nacht zu vergewaltigen. Egal wie sehr ich mich in die Bettdecke vergrub, egal, selbst als ich dazu überging mir mehrere Schichten an Kleidung übereinander zuziehen, es geschah immer wieder. Außer an den wenigen Tagen, an denen er nach dem Sporttraining bei seiner Mutter übernachtete, passierte es wirklich jede Nacht in dieser Zeitspanne. Das Muster blieb gleich. Ich ging aufgrund meiner Tabletten, die sehr müde machten, immer zeitig schlafen. Er kam später nach, wenn ich bereits eingeschlafen war. Obwohl, Schlaf konnte man es nur teilweise nennen. Ich lag in einer Art Starre im Bett, die Tabletten ließen meinen Körper schlafen, aber mein Geist war hellwach und fürchtete sich vor dem, was Nacht für Nacht geschah.

Ähnlich wie bei meiner ersten Vergewaltigung durch den anderen Mann, konnte ich mich in keinster Weise wehren, so sehr ich es mir auch hinterher vornahm. Ich lag in dieser körperlichen Starre, konnte keinen Laut von mir geben. Die Schmerzen spürte ich anfangs wie durch einen Tunnel, wenn der Mann mich aus meinen Bettdecken und der Kleidung schälte wie eine Zwiebel. Irgendwann lernte ich dann bei dem Akt selbst, geistig meinen Körper zu verlassen. Das hatte ich zwar vorher schon häufig beim Sex getan, aber jetzt tat ich es voll bewusst. Ich sah mich von außen, meinen zerschundenen Körper, den ich als schmutzig und widerwärtig empfand. Ich sah diesen Körper so schonungslos ausgeliefert, dass ich am liebsten nur noch sterben und ihn für immer verlassen wollte.

Wenn der Mann von mir abließ, kehrte ich in meinen Körper zurück, nicht freiwillig, ES riss mich regelrecht hinein. Dann spürte ich nachträglich das ganze Ausmaß meines Schmerzes und flüchtete mich in einen bleiernen Schlaf.

Das einzige Zeugnis meiner Qual, welches sich nicht löschen ließ, waren die blutigen Kratzspuren und Narben auf meinem Dekolleté. Dieses fügte ich mir wahrscheinlich während der Vergewaltigung oder im Schlaf selbst zu. Ich weiß es nicht, da ist keinerlei Erinnerung.

Im Tagesbewusstsein erschien mir dann alles meist wie ein schlechter Traum. Meine blutigen Wunden und Kratzer bedeckte ich mit Seidentüchern.

Verrückt ist, dass ich mit dem Mann selbst nie darüber sprechen konnte. Kein Wort kam über meine Lippen, ich konnte nur verdrängen – verdrängen – verdrängen. Heute weiß ich, dass es eine lebensrettende Verdrängung und ein Schutz war.

Also konnte ich den Tag mit vielen Ablenkungen relativ gut überstehen. Ich stopfte mich fast pausenlos mit Essen, besonders mit Süßem voll, saß vor dem Fernseher und schaute wirklich alles durcheinander, nur um nicht nachdenken oder gar fühlen zu müssen. Arbeiten konnte ich absolut nicht, so bekam ich dank der Hilfe meiner Psychotherapeutin Krankschreibungen von einer sehr verständnisvollen Fachärztin.

Selbst diesen beiden Frauen, denen ich wirklich vertraute, erzählte ich nie etwas von den Vergewaltigungen. Ich konnte es nicht, fühlte mich selbst schmutzig und schuldig, weil ich nicht mehr funktionierte.

Erst nach der besagten Zeit gab mir irgendetwas die Kraft, mich nachts im Gästezimmer einzuschließen. Vielleicht war es Überlebenswille. Wahrscheinlich trugen auch die Entscheidungen, die ich trotz oder wegen meines desolaten Zustandes getroffen hatte, dazu bei. So kündigte ich nach einer langen Zeit voller Zweifel und Verzweiflung meinen verhassten Job im öffentlichen Dienst und beendete dann etwas später endlich auch meine Beziehung. Es gab allerdings keinerlei Krieg mit dem Mann. Die Trennung verlief seltsamerweise friedlich, ja fast liebevoll. Ich zog aus dem gemeinsamen Haus aus und er half mir sogar dabei, meine neue Wohnung einzurichten. Noch vor meiner Entscheidung, mich von ihm zu trennen, hatte er bereits eine Affäre mit einer anderen Frau. Das tat mir zwar weh, aber diese Tatsache machte meine Entscheidung natürlich einfacher.

Wie gesagt, Lukas, was mir nun beim Schreiben wieder auffällt, ist, dass ich mit ihm niemals über die nächtlichen Vergewaltigungen gesprochen habe. Zeitweise fand ich sein Verhalten sogar berechtigt und nahm die volle Schuld auf mich. Krank, oder? Erst Jahre später fand ich die Kraft, überhaupt mit einem anderen Menschen darüber zu sprechen.

So, ich merke, ich kann nicht mehr, jetzt darfst du wieder übernehmen.

Danke, meine mutige Paula. Ja, ich übernehme gerne und fasse zusammen.

Dein Zusammenbruch musste kommen. Denn die Masken, die du trugst konnten nicht ewig bestehen bleiben. Deine Seele steuerte den Prozess der spirituellen Bewusstwerdung und drängte vorwärts. Du wolltest dich zum Glücklichsein zwingen, weil dir damals kein anderer Weg bewusst war. Dein Partner konnte sich nur so verhalten wie er es tat, was dir ja auch bei diesem Fall wieder klar wurde. Dass diese Geschehnisse auch mit ihm etwas gemacht haben, weißt du sicher, aber hier und jetzt geht es ja um dich. Er stand zur Verfügung, er reagierte auf deine Gefühlsabspaltungen, deinen

Selbsthass, indem er dir bestätigte, was du innerlich immer noch als Muster mit dir herum trugst. Wieder wurdest du zum Opfer, als dein ganzes Gerüst aus selbstbewussten Masken eines Tages zusammenkrachte und nur das übrig ließ, was Wahrheit gewesen ist: dich, das Opfer, das sich selbst zutiefst ablehnte. Ich gehe sogar soweit zu sagen, dass du immer noch das Leben selbst ablehntest und damit deine eigene verkörperte Existenz. Deinen Körper spürtest du, wenn überhaupt, nur durch Schmerz und Gewalt. Selbst die nun bewusste Flucht deines Geistes aus dem Körper nützte dir nur begrenzt. Dein Körper ließ dich auch später noch zeitversetzt den vollen Schmerz spüren, der ihm gewalttätig zugefügt wurde. Was sich verändert hatte zu den bisherigen Männer-Spiegeln war Folgendes: du fielst in ein Extrem. Während du vorher die ganze Schuld bei den Männern sahst, dich dagegen nur in der Opferrolle, kipptest du nun in das andere Extrem um. Du gabst dir die komplette Schuld an der Gewalt. Du dachtest, der Mann wäre im Recht, wenn er dir all das antat. Schließlich hattest du, Paula, auf ganzer Linie versagt. Als Frau und in deiner bisherigen Art, wie ein verlässliches Uhrwerk im Alltag zu funktionieren. So fühltest du dich in beiden Rollen richtig, einmal als Opfer und gleichzeitig auch als Täter.

Als dann nach der Trennung von diesem Mann dein spiritueller Weg begann, löstest du nach und nach vieles aus der Geschichte auf. Nur eins konntest du bis heute nicht: Das Thema Sex und die bereits lebenslange, generationsübergreifende Traumatisierung wirklich für dich zu heilen. Aber sei deswegen nicht traurig, denn jetzt ist es bald an der Zeit. Seit einer Rückführungstherapie vor zwei Jahren weißt du, dass deine Seele es genauso gewählt hat und dass du damit einen schlimmen Kreislauf an Gewalt in deiner Ahnenreihe unterbrichst und auflöst. Es war die Rede von sieben Generationen, in denen Frauen sexuelle Gewalt angetan wurde. Doch das nur am Rande.

Was du aber bereits nach dieser Geschichte mehr und mehr auflösen konntest, war das Thema *Schuld*. Der Spiegel 3-Mann war also eine Art Katapult in deine spirituelle Zukunft und damit in das bessere Verständnis geistiger Gesetze, die sich mit Ursache und Wirkung befassen, anstatt mit dem so angstbesetzten und manipulierenden Thema *Schuld*. In den nächsten beiden Beziehungen hast du es dann ja geschafft, körperliche Gewalt nicht mehr zuzulassen. Auch wenn dir das Thema Sexualität durch deine tiefgehende Traumatisierung weiterhin große Probleme bereitete. Dennoch schaue dir bitte schon einmal das Wachstum an, das stattgefunden hat. Dein Wachstum als Seele und Mensch!

Doch für heute soll es genug sein. Bitte tauche wieder hinein in die Gnade der Quelle, in die heilende Energie. Auch diese Geschichte ist nun endlich erlöst und geheilt, sobald dieser Tag vergangen ist. Morgen sehen wir uns den nächsten Spiegel-Mann und die damit verbundenen Themen genauer an.

Nachdem Lukas sich für heute verabschiedet hat, wird Paula immer unruhiger. Sie hat ein starkes Bedürfnis nach Reinigung in jeder Hinsicht.

Zuerst putzt sie gründlich bis in die letzte Ecke die Wohnung, bezieht ihr Bett frisch und wirft auch gleich die prall gefüllte Waschmaschine an. Dann legt sie sich selbst für eine Stunde in die Badewanne und versucht zu entspannen. Aber es fällt ihr schwer heute, nach diesem Spiegel-Mann. Er war ihre bisher längste Beziehung, mit ihm kehrte nach Lukas' Tod nicht nur das Leben zurück, sondern auch ein Stück verlorene Jugend. Sie denkt an die schönen Zeiten mit diesem Mann, wie sie damals durch seine lebensfrohe Art wieder Lust auf Unternehmungen wie Tanzen und Feiern mit Freunden bekam. So lange liegt das nun schon zurück und Paula fühlt sich jetzt in diesem Moment innerlich sehr alt, noch viel älter als direkt nach Lukas' Tod. Ist sie selbst nicht auch längst tot? Ein wenig Bitterkeit schleicht sich in ihr Gemüt und kämpft gegen das vorhin so wunderbar erfühlte Geschenk der göttlichen Gnade an.

„Nein, das lasse ich nicht zu! Kein Selbstmitleid, keine Negativität mehr!", ruft Paula bestimmt. Ihre Stimme schallt laut im kleinen Badezimmer. Wieder hellwach und im *Jetzt* springt sie aus der Badewanne und föhnt sich im Turbotempo die Haare. Sie möchte plötzlich raus aus der Wohnung, egal wohin.

Eine halbe Stunde später läuft Paula mit einer Idee im Kopf, zielgerichtet zur nahen Bushaltestelle und freut sich beim Blick auf den Fahrplan. Nur fünf Minuten warten, dann bringt der Bus sie in den Vorort, in dem sie damals mit diesem Spiegel 3-Mann ein Haus gebaut und kurze Zeit auch dort gelebt hatte. Das Haus befindet sich kurz vor der Endhaltestelle und sie nimmt sich vor, einfach im Bus sitzen zu bleiben, mit um die Wendeschleife und dann wieder zurückzufahren. Zum Aussteigen fehlt Paula der Mut. Eine Viertelstunde später fährt der Bus das letzte Stück bis zur Endhaltestelle sehr langsam. Daher kann sie genau in den Garten und den Eingangsbereich des Hauses sehen. Dort steht ein Kinderwagen und hinten im Garten spielt ein etwa sechsjähriger Junge in einem neu gebauten Sandkasten. Bei diesem Anblick sticht es ein wenig in Paulas Herz. Der Mann hatte damals zu ihr gesagt, dass er keine Kinder möchte. Paula hatte das akzeptiert, obwohl sie sich insgeheim noch ein Geschwisterchen für ihre Jasmin gewünscht hätte.

„Reiß dich zusammen, Paula!", sagt sie nun zu sich selbst. „Das ist ewig her!" Der Mann war damals noch so jung und wahrscheinlich auch zu unreif für ein Kind gewesen. Das darf sie jetzt nun wirklich nicht persönlich nehmen.

Paula wird von dem Busfahrer aus ihren Gedanken gerissen, etwas unwirsch fragt er sie: „Was ist denn nun? Hier ist Endstation!"

Paula zeigt ihm ein wenig verlegen ihre Monatskarte, sagt dann aber sehr bestimmt: „Ich fahre wieder mit zurück."

Der Busfahrer knurrt etwas Unverständliches, fährt dann aber los. Paula sieht wieder diesen kleinen Jungen, der inzwischen seinen Buddelkasten verlassen hat und mit einem Fahrrad über den Gartenweg fährt. Sein unschuldiger Anblick berührt Paulas Herz, sie lehnt sich im Sitz des Busses zurück und es kehrt wieder Frieden in sie ein, so wie sie ihn vor ein paar Stunden, kurz nach der Auflösung dieser Spiegel-Geschichte fühlte. In diesem Moment kann sie sich sogar für den Mann freuen, denn nun hat er zwei Kinder und eine Frau. Eine eigene Familie, das ist doch wunderbar. Sie spürt genau in ihr Herz und entdeckt zufrieden, dass sich dort wirklich nur Freude und Liebe ausdehnen. Keine Spur mehr von Bitterkeit oder Neid.

Im Stadtzentrum steigt Paula aus dem Bus aus und bummelt noch eine Weile durch das Einkaufscenter. Sie spürt dort das Leben, fast wie in einem Ameisenhaufen und es tut ihr sogar gut.

Zuhause, am frühen Abend, führt sie noch ein langes und schönes Telefonat mit ihrer erwachsenen Tochter Jasmin. Sie erzählt ihr auch von der Auflösungsarbeit mit Lukas und was danach geschah. Jasmin ist inzwischen viel mehr als nur eine Tochter für Paula, sie ist auch Freundin und spirituelle Weggefährtin auf Augenhöhe. Nach dem Telefonat gönnt Paula sich ein großes Glas Rotwein und prostet sich selbst entspannt zu. Alles ist gut, so wie es gerade ist!

Spiegel 4: Überlagerte Wut, spiritueller Fortschritt und wieder Ohnmacht

Meine liebe Paula, ich spüre deine Müdigkeit und Unlust, den beiden letzten Spiegeln gegenüberzutreten. Ja, sie sind noch näher dran, als die anderen und du magst nicht alles wieder durchkauen. Aber vertraue mir, diese Zusammenfassung ist wichtig, sie wird letztendlich noch einmal etwas mit dir machen, dich in eine positive Veränderung deiner Sichtweise bringen.

Dieser vierte Spiegel-Mann jetzt war doch schon ein gewaltiger Fortschritt. Er teilte deinen gerade voll erblühten spirituellen Weg, behielt aber seine gesunde Skepsis und erdete dich damit. Im ersten Jahr konntet ihr euch gegenseitig unglaublich viel geben, was ja euer Glück widerspiegelte. Auch deine inzwischen zum Teenie heranwachsende Jasmin bekam endlich einmal Aufmerksamkeit und einen guten Freund, der ihr zuhörte und sie verstand.

Dennoch zeigte auch dieser Mann häufig heftige Aggressionen. Nicht körperlich, nein, aber verbal. Und zu gewissen Themen besaß er eine hohe Radikalität mit keinerlei Toleranz oder Einsicht. Das machte dir unterschwellig Angst und es spiegelte dir stark deine eigene unterdrückte Wut. Diese hattest du nie offen gezeigt und durch die spirituelle Gesinnung wurde Wut sogar noch mehr unterdrückt. Wie du später immer so schön ehrlich sagtest: Ich wollte nur noch gut und heilig sein.

Ja, lach nur, Lukas. Das ist richtig so und da stehe ich auch zu. Wie viele Esoteriker war auch ich die ersten Jahre auf diesem Scheinheiligen-Trip mit Licht, Liebe, Gänseblümchen und Räucherstäbchen. Oh weh, jetzt muss ich auch grinsen, wenn ich an diese verrückte, aber schöne Zeit zurückdenke.

Aber was du von dem Mann schreibst, stimmt natürlich soweit. Wieder ließ ich mich so stark in allem beeinflussen, wahrscheinlich wegen der immer noch vorhandenen Verlustängste in mir. So versprach ich ihm leichtfertig, eines Tages, wenn Jasmin älter wäre, zu ihm zu ziehen. Nach Wittenberge, einer Kleinstadt, die ich zwar nicht generell ablehnte, die mir aber nicht im geringsten das bieten konnte, was ich in meiner Heimatstadt Schwerin an Bequemlichkeiten hatte. Dennoch redete ich es mir schön, malte mir in schillernden Farben aus, wie sehr mein Leben sich dort, an der Seite dieses Mannes, verbessern würde.

Und mit der Zeit wuchs auch der Druck, unter den er mich diesbezüglich setzte. Jasmin war es, die eines Tages zu mir sagte: „Mum, sei doch mal ehrlich, du willst in Wirklichkeit doch gar nicht dahin ziehen!" Das machte mir Mut und ich sprach daraufhin auch alle Einwände offen aus. Schließlich wollte ich ehrlich zu dem Mann sein. Wir hatten uns ja gemeinsam auch soviel Schönes erträumt. Natürlich enttäuschte ich ihn sehr und danach ging unsere Beziehung auch langsam aber sicher auseinander. Außerdem spürte ich ein sehr starkes Band zwischen ihm und einer Freundin von mir. So wuchs meine Überzeugung, dass die beiden besser zusammenpassen würden als wir. Dazu kam das übliche Problem mit dem körperlichen Kontakt. Auch mit ihm konnte ich ab einem gewissen Zeitpunkt keinen Sex mehr ertragen. Er bestrafte mich mit schlechter Laune, ständigem Gestichel und Vorwürfen. Doch ich selbst hatte keine Ahnung, wie ich mein Problem erklären sollte, denn ich wusste einfach nicht, warum es so ablief. Rein menschlich mochte ich ihn schließlich immer noch sehr. Als seine Aggressionen schlimmer wurden aufgrund meiner Verweigerung, beendete ich die Beziehung lieber ganz. Zu groß war meine Angst, dass es wieder in körperliche Gewalt umschlagen könnte. Ich versuchte, mir und ihm die Trennung schönzureden, indem ich wieder die Freundin ins Spiel brachte. Schließlich seien die beiden ja Seelengeschwister und hätten eine sehr tiefe Bindung zueinander. Heute weiß ich aber, dass auch das nur eine Flucht vor meinen wahren Gefühlen war. Ich wollte ihn mit einer Ausrede loswerden, die das Ganze etwas heiliger machen sollte: Ich, die Gute, räume mich aus dem Weg, um dem Glück der beiden eine Chance zu geben. Der Mann und die Freundin blieben zwar noch einige Jahre befreundet, wurden aber nie ein Paar. So viel dazu und auch meinen damals romantischen Vorstellungen von Seelenpartnern.

Nach der beschlossenen Trennung weinten wir eine Nacht lang gemeinsam um unsere schönen Zeiten und nahmen rein partnerschaftlich, nach nun zwei Jahren Beziehung Abschied. Mit ihm gelang es danach, eine lange Freundschaft ohne Bitterkeit zu erhalten, darüber war und bin ich sehr froh.

Nun, Lukas, möchtest du jetzt zusammenfassen?

Gerne, meine liebe Paula. Ja, im Prinzip ist es hier leicht sichtbar und erklärbar. Das mit der unterdrückten Wut ist glasklar und auch die Radikalität trugst du in gewisser Weise ebenso in dir. Nur brachtest du sie eher unterschwellig zum Ausdruck und nie so direkt. Er zeigte sie dir mehr als deutlich. Und so war es ein großartiger Schritt für dich, deine Radikalität und Wut in ihm zu erkennen und selbst wesentlich mehr Toleranz gegenüber deinen andersdenkenden Mitmenschen zu zeigen. Auch deine so entzückende Ader, Missionarstätigkeit für *spirituelle Amöben* auszuüben löste sich glücklicherweise durch diesen Spiegel ein großes Stück weit auf. Lach nur, Paula, dieser so arrogante Ausdruck stammt von dir, ich habe ihn nur geliehen. Also, der Fortschritt war der, dass du damit aufhörtest, andere von deinem Weg überzeugen zu wollen, nichts mehr ungefragt aufdrängtest.

Bleibt nur die Ohnmacht, die sich ja bei allen Männer-Spiegeln drastisch zeigte und auch beim nun letzten Spiegel noch einmal verstärkt ihre große Kraft zum Ausdruck bringt.

Jedenfalls zeigte sich die Ohnmacht dieses Mal in der Form, dass du dich wiederholt gewissen Aggressionen gegenüber ausgeliefert fühltest. Zwar diesmal nicht körperlich, aber doch psychisch einem großen Druck ausgesetzt wurdest.

Dieses Gefühl von *Ausgeliefert sein* wiederholte sich laufend in allen Beziehungen, aus den unterschiedlichsten Gründen. Dazu möchte ich dann ganz am Schluss noch einmal ausführlich kommen. Doch vorher sehen wir uns den letzten Spiegel-Mann an. Morgen bin ich pünktlich wieder da.

Geht es dir gut, Paula?

Ja, heute geht es leichter. Diese Geschichte hat mich auch nicht so aufgewühlt und mir einiges noch einmal klarer gemacht durch das Aufschreiben. Im Großen und Ganzen war und bin ich für diese und auch meine letzte Beziehung sehr dankbar. Ich sehe nun auch noch deutlicher als sonst, was sich alles entwickelt und gelöst hat in meinem Leben.

Bleibt nur noch dieses unschöne Thema Sex, vor dem ich gerne flüchte. Ich weiß genau, wenn ich es nicht endgültig löse, wird es sich immer wiederholen.

So, Lukas, für heute bitte Pause, ich spüre eine starke Müdigkeit.

Gut, genug für heute. Aber tauche bitte auch hier wieder ein in die Energie der Quelle. Sieh es wie eine Art Heilduschen, um die letzten alten Energien zu reinigen und zu transformieren. Fühle bitte jetzt hinein und genieße! Bis morgen!

Paula fällt nach Lukas' Abschied und der erlösenden Heildusche auf ihr Sofa. Sie ist erschöpft, auch körperlich. Dabei war diese Spiegel-Geschichte gar nicht so schmerzhaft wie die vorherigen. Dennoch ist es wohl die ganze emotionale Anstrengung der letzten Tage, die sich nun auch körperlich zeigt. Paula fällt in einen traumlosen Tiefschlaf.

Als sie dann nach etwa einer Stunde wieder aufwacht, ist sie wie benommen. Mr. Darcy kratzt mit der Pfote an der geschlossenen Wohnzimmertür, seine gewohnte Gassi-Zeit ist schon überschritten. Paula hat Gummibeine, als sie vom Sofa aufsteht. Beim anschließenden Spaziergang mit dem Hund ist ihr schwindelig. Auf der Straße begegnet sie einer Nachbarin, die Paula ungefragt sämtliche eben erworbenen Sonderangebote des nahen Supermarkts empfehlen möchte. Das Gerede der Frau ist zwar nervtötend, aber Paula lässt es tapfer und höflich über sich ergehen. Zum Glück steht plötzlich Jasmin vor ihnen und Paula schafft es, sich von der Nachbarin zu verabschieden.

„Was machst du denn um diese Zeit hier? Musst du nicht arbeiten?", fragt Paula verblüfft ihre Tochter.

„Hallo, heute ist Samstag! In was für einem Film bist du denn gerade?", kontert Jasmin, als sie den verwirrten Blick ihrer Mutter sieht. Die junge Frau wohnt nur ein paar Häuser weiter von Paula entfernt in ihrer eigenen Wohnung und wollte sich gerade eine Pizza holen.

„Soll ich dir etwas mitbringen?", fragt sie Paula, die immer noch verwirrt dreinblickend vor ihr steht. „Erde an Mutterschiff!", albert sie daraufhin. „Möchtest du auch eine Pizza und dann vielleicht gemeinsam mit mir essen?"

Paula kommt endlich wieder ganz zu sich, nimmt erfreut das Angebot an und gibt Jasmin Anweisungen für die speziell gewünschten Pizza-Zutaten. Jasmin macht sich auf den Weg in ihre Lieblingspizzeria, denn dort arbeitet ein guter Freund von ihr. Das ist auch der Grund warum sie meistens persönlich hingeht, anstatt den Lieferservice zu nutzen. Paula zerrt inzwischen den sich sträubenden Mr. Darcy von einem Baum mit spezieller *Duftmarke* weg und nach Hause, um dort in Ruhe den Tisch zu decken. Sie fühlt sich wieder deutlich besser, die Energie kehrt in ihren Körper zurück. Das anschließende *Mutter-Tochter-Essen* tut Paula gut und bringt sie zurück ins *Hier und Jetzt*.

Nachdem Jasmin sich zwei Stunden später wieder verabschiedet hat, verspürt Paula erneut ein Bedürfnis nach Ordnung. Da die Wohnung ja bereits gründlich geputzt ist, macht sie sich an das längst fällige Sortieren ihrer Steuerunterlagen. Am

Ende dieses Tages ist sie mit sich zufrieden und wild entschlossen, am nächsten Morgen die nun letzte Spiegel-Geschichte aufzuarbeiten.

Spiegel 5: Verrat, Entwicklung, Ohnmacht

So, liebste Paula, heute kommen wir nun zum letzten Spiegel. Dieser fühlt sich noch ganz frisch an, denn schließlich ist ja gerade erst ein Jahr seit eurer Trennung vergangen.

Ich weiß, dass diese vier Jahre Beziehung viel zu umfangreich sind, um alles hier besprechen zu können. Deshalb würde ich dir vorschlagen, dass du dich zu den drei Themen aus der Überschrift äußerst. Doch vorerst noch eine kurze Einführung von mir:

Diesen Mann habe ich dir wirklich mit allen meinen Möglichkeiten in den Weg geschickt. Einmal, weil du mit ihm wirklich sehr viel lernen konntest, da sich durch eure hohe gemeinsame Energie deine und natürlich auch seine Themen quasi in geballter und verstärkter Form zeigen durften. Ebenso notwendig war es damals, deiner Heimatstadt für einen längeren Zeitraum den Rücken zu kehren, um alte und kranke Wurzeln endgültig loszulassen. Deshalb musste es auch so weit weg sein, genau am anderen Ende Deutschlands. Nur so konntest du wirklich loslassen und dich neu ausrichten. Durch deine Isolation dort, durch dieses heftige Gefühl völlig alleine zu sein, konntest du dich neu auf- und ausrichten. Auch wenn dir das damals nicht unbedingt bewusst war und sich eher gegenteilig anfühlte. In diesen vier Jahren Kampf, in denen du aus Selbstschutz alles tatest, um dich nicht verbiegen zu lassen – in diesen Jahren wurde endlich deine Selbstliebe geboren. Denn nur der Mensch kämpft so stark um seine ureigene Identität, der sie liebt und leben möchte. Egal, ob das Umfeld seine Art für falsch oder unvollkommen hält.

Soweit erst einmal zu deiner Beruhigung, liebe Paula, denn ich weiß, wie oft du an dem Schritt gezweifelt hast.

Nun bitte ich dich, die drei Themen aus deiner Sicht zu reflektieren, in Bezug auf den Mann.

Danke Lukas, danke für diese neue Sichtweise. Warum ich damals aus meiner Heimat weg musste, habe ich nie so genau verstanden. Es wird mir jetzt klarer.

Also, zuerst das ganz große Thema Verrat *und damit die Vorkommnisse, die mich in der Zeit am meisten verletzt haben. Sie waren auch der Grund, warum ich mich so verlassen fühlte. Als wäre ich in dieser Zeit der einsamste Mensch auf dem Planeten gewesen. Vorher gab es schließlich in meinem Leben immer Menschen, die mich so annahmen und akzeptierten, wie ich war, die in Notsituationen hinter mir standen. Doch in den besagten vier Jahren wurde ich völlig auf mich selbst zurückgeworfen, fand nirgends echten Halt und traute auch niemandem mehr. Das war sicherlich gut, denn so lernte ich – wenn auch auf sehr energiezehrende Weise – zu mir selbst zu stehen. Bisher bedeutete Verrat für mich nicht mehr als dramatische Geschichten aus irgendwelchen Büchern oder Filmen. In meinem realen Leben hatte Verrat nie eine drastische Rolle gespielt. Doch nun erlebte ich es mit diesem Mann sehr real. Er stand wirklich niemals zu mir. Er redete mit vielen anderen Menschen ständig über mich, analysierte meine Eigenheiten und erzählte überall unsere Beziehungsinterna herum. Besonders in der spirituellen Gemeinschaft, der er angehörte und zu dessen Menschen ich einfach keine richtige Verbindung aufbauen konnte. Er schämte sich für mich, wenn wir gemeinsam zu Veranstaltungen gingen, machte mir hinterher Vorhaltungen, was ich angeblich Falsches gesagt oder getan hätte. Fast wie früher bei meinen Eltern, wenn ich es ihnen nicht recht machen konnte.*

Ständig wollte dieser Mann mich nun zu Therapien überreden, damit ich mich für ihn ändere. Selbst eine meiner Bekannten und auch meine einzige Freundin zu dieser Zeit beeinflusste er mit seiner Art, sodass sie gemeinschaftlich gegen mich redeten. Es wurde in beiden Fällen wie eine Art Kreuzverhör und brachte mich an meine Grenzen. Beim ersten Mal resignierte ich, beim zweiten Mal nicht. Da hatte ich schon viel gelernt, gab nicht klein bei und hielt ihnen beiden einen riesigen Spiegel vor die Nase.

Der Mann war aufgrund seiner Art, seines ständig freundlichen Wesens, überall beliebt und hatte stets sofort alle Menschen auf seiner Seite. So nahm ich wie automatisch die Seite der bösen Frau ein, das war schon richtig verrückt. Und ungewohnt. Denn so etwas war mir bisher nicht passiert, früher in meinen alten Kreisen war ich sehr beliebt und hatte zu allen Zeiten einen guten, stabilen Freundeskreis innegehabt.

Der offensichtlichste und damit heftigste Verrat geschah dann gegenüber unserer sehr bösartigen Vermieterin. Um vor dieser schlimmen, extrem dominanten Frau gut da zu stehen, redete er vor ihr sehr schlecht über mich. Das war dann zu viel und wie du weißt Lukas, bekam ich danach einen Wutanfall, der sich gewaschen hatte. Dies geschah schon kurz vor unserer eigentlichen Trennung, nach der wir ja noch fast ein halbes Jahr zusammenlebten. Zum Thema Verrat könnte ich noch unzählige Beispiele aufzählen, aber ich denke, das genügt. Du kennst die Wunden in mir, die Verletzungen und Enttäuschungen, weißt, wie oft ich verzweifelt alleine in meinem Zimmer saß und weinte. Dieser Mann war wohl besonders ein Spiegel dafür, wie sehr ich mich in meinem Leben ständig selbst verraten und angezweifelt hatte.

Lukas sieht, wie Paula beim Schreiben zu zittern beginnt, und unterbricht ihre Ausführungen, indem er sie auffordert, kurz eine Pause einzulegen und ganz tief zu atmen. Sie hört auf ihn und durch die Konzentration auf den Atem spürt Paula für eine Weile wohltuende Stille in ihrem Kopf, sie entspannt sich.

„Danke Lukas, das tat jetzt gut!", seufzt sie nach etwa fünf Minuten. „Ich bin wieder ruhiger und wir können gerne weitermachen. Ich habe allerdings ein wenig den Faden verloren, kannst du mir auf die Sprünge helfen?"

„Der nächste Punkt ist die Entwicklung", hilft Lukas.

„Ja genau!", ruft Paula dankbar und greift die Geschichte wieder auf.

„*Entwickelt habe ich mich wirklich rasant in dieser Zeit. Durch die gemeinsame spirituelle Basis konnten wir trotz der vielen Meinungsverschiedenheiten immer alles in einer großen Tiefe bereden, Zusammenhänge und auch unsere gegenseitigen Projektionen erkennen. Da uns im Umfeld fast nur spirituelle Menschen begleiteten, bekamen wir auch gute therapeutische Hilfe und immer wieder Wegweiser, Tipps und Gespräche. Wie du es auch anfangs schon gesagt hattest, lernte ich mehr und mehr, meine Individualität zu schützen, mich nicht wie sonst anzupassen und zu verbiegen. Vier Jahre lang gab es jeden Tag Kampf und dieser Kampf führte mich wie noch nie zuvor an meine Grenzen. Aber wenn ich heute zurückblicke, sehe ich dankbar auf diese Lehrzeit und bereue keine Sekunde. Ich spüre den Wert all dessen, was geschah.*

Langsam fing ich an, mich heraus zu entwickeln aus alten, starren Mustern, die mich immer wieder bremsten.

Nun zum altbekannten Thema Ohnmacht. *Diese zeigte sich vorerst rein praktisch während der Beziehung. Ohne Auto war ich hilflos in dem kleinen Ort und auf den Mann angewiesen. Sei es, dass ich mit Mr. Darcy zum Tierarzt musste oder Dinge benötigte, die es dort nicht gab. Diese Abhängigkeit führte ständig zu Streitereien. Irgendwann verzichtete ich aus innerer Resignation freiwillig auf fast alles und bat ihn nur noch in absoluten Notfällen um seinen* Fahrdienst. *Ständig kreiste auch das Gespräch um eine neue Wohnung, die sich seiner Meinung nach, lieber in einem Dorf befinden sollte. Ich sträubte mich massiv dagegen, denn es war so schon schwer genug für mich und dazu noch stinklangweilig. Ich sehnte mich so sehr nach dem bequemeren*

Großstadtleben, dass ich den Ort am bayrischen Ammersee mit seinen gerade einmal zehntausend Einwohnern als Provinz *beschimpfte, ihn zeitweise richtig hasste und mich eingesperrt fühlte. Der Mann lebte sein Leben einfach weiter, so als gäbe es mich gar nicht. Er kümmerte sich nie um meine Bedürfnisse, hielt nur selten seine Versprechen und war auch meistens den ganzen Tag und an den Wochenenden unterwegs. Selbst da arbeitete er oder traf sich mit den Leuten der spirituellen Gemeinschaft. Wir unternahmen nur sehr selten gemeinsam etwas. Selbstverständlich versuchte ich auf eigene Faust, Menschen kennenzulernen und eigene Freunde zu finden. Dies erwies sich als schwierig durch meine Unbeweglichkeit. So finanziell abgebrannt, wie ich damals war, konnte ich mir kein eigenes Auto leisten. Außerdem hatte ich Angst vor dem Fahren, schließlich saß ich seit über fünfzehn Jahren nicht mehr hinter dem Lenkrad. Aber auch die dort herrschende unterschiedliche Mentalität war ein weiteres Problem. Zum ersten Mal begriff ich wirklich, wie isoliert sich ein Ausländer fühlen muss. Ich wurde immer depressiver und unzufriedener. Irgendwann blieb ich in dieser Resignation hängen, konnte auch meine Beratungen als hellsichtiges Medium, die ich über das Telefon anbot, nicht mehr leisten. Weil ich nur noch erschöpft und kränklich auf dem Sofa saß, keine Stimme mehr besaß. Selbst bei kurzen Telefonaten wurde ich in kürzester Zeit stockheiser und litt unter Halsschmerzen. Legte ich auf, verschwanden die Symptome relativ schnell.*

Ohnmacht war also mein täglicher Begleiter, allerdings kamen auch immer wieder Fluchtgedanken auf in den Jahren, aber es war einfach noch nicht an der Zeit und das spürte ich.

Wenn mich jemand fragte, warum ich mir das antue, dann antwortete ich immer: „Es ist noch nicht fertig."

Bereits nach einem Jahr Beziehung versagte ich dann auch wieder im sexuellen Bereich. Ich ertrug nichts mehr. Die alten Vergewaltigungsgeschichten kochten erneut in mir hoch, blieben in meinem Bewusstsein ständig präsent und belasteten die Situationen immens. Allerdings konnte ich mit ihm darüber reden, was vieles leichter machte als bei den Männern zuvor. Er zwang mich nicht zum Sex, auch wenn es ihn verständlicherweise quälte. Wir redeten immer wieder darüber. Und dann entschloss ich mich ja auch zu dieser Rückführungssitzung, bei der herauskam, dass ich das Thema für sieben Generationen trage und es in diesem Leben für die gesamte Ahnenreihe erlösen sollte. Aber es wurde auch nach der Auflösungsarbeit nicht besser. Ich ertrug sexuellen Kontakt mit ihm einfach nicht mehr. Auch das stürzte mich immer wieder in eine tiefe Hilflosigkeit. Weil ich völlig ratlos war, wie ich jemals diesen tiefen Ekel vor Körperkontakt überwinden könnte. Denn der Ekel hatte, so wie auch in vorherigen Beziehungen, nie direkt mit der betreffenden Person zu tun. Indirekt wahrscheinlich schon, weil sie dafür eben die passenden Spiegel waren. Und das, lieber Lukas, das ist bis heute für mich ein nicht aufgelöstes Mysterium, das spüre ich genau.

Darum möchte ich auch keine neue partnerschaftliche Beziehung zu einem Mann, mit dem das alles wieder von vorne beginnen würde. Und sollte tatsächlich jemand in meinem Feld erscheinen, der eine Sehnsucht in mir weckt, dann werde ich ihm mein Problem von Anfang an offenlegen. So, dass er entscheiden kann, ob er sich überhaupt auf mich einlassen möchte. Und jetzt darfst du wieder zusammenfassen, Lukas! Ich bin gerade tieftraurig.

Danke für deine Offenheit, Paula. Lass die Emotionen einfach da sein. Nun, ich fasse wieder kurz zusammen. Im Prinzip hast du ja fast alles schon selbst aufgedeckt. Der Verrat, den du erlebtest, das war ein sehr direkter Spiegel. Er zeigte dir nur in extremer Form, was du dir in allen Beziehungen bisher ständig selbst angetan hattest: du hattest dich selbst verraten! Aus einer Verlustangst heraus löstest du dich im Leben des anderen auf, stelltest deine eigenen Bedürfnisse hinten an. Und der Partner gewöhnte sich daran, fand es irgendwann normal, weil er dich ja nicht anders kannte. Doch hier bei diesem Spiegel sollte dies endlich durchbrochen werden und so kam es ja auch. Du fingst an, für dich zu kämpfen, bliebst in vielen, schwierigen Situationen bei dir. Und das Ergebnis: du hast dich dieses Mal nicht verbiegen lassen und bist um ein Vielfaches stärker geworden. Toll, oder? Da kannst du jetzt wirklich stolz auf dich sein. Deine geistige Entwicklung machte Quantensprünge in dieser Zeit. Schließlich warst du nicht nur deprimiert, du hast in dieser Zeit auch aus eigener Kraft drei Bücher geschrieben. Und vielen Menschen mit deinem medialen Talent geholfen. Die letzte Zeit, als du nicht mehr arbeiten konntest, die hatte auch ihren tiefen Sinn. Glaube mir! Und die Ohnmacht? Auch sie wollte mehr und mehr erlöst werden. Deshalb musste sie immer wieder an die Oberfläche kommen. Nur das, was sich schonungslos im Bewusstsein zeigt, ist auf dem Weg der Erlösung. Deshalb fühltest du dich auch ständig ausgeliefert in gewissen Situationen und im Umgang mit einigen Menschen. Um dann nach viel innerem Kampf und aufwallenden Ängsten, letztendlich doch jedes Mal gestärkt und frei aus den betreffenden Situationen herauszuwachsen.

Es war alles richtig, es war genau so von deiner Seele gewollt. Und nun bekamst du fast ein ganzes Jahr Zeit geschenkt, um dich zu erholen und neue, frische Wurzeln in deiner Heimatstadt zu schlagen.

Liebe Paula, jetzt ist es vollbracht. Alle wichtigen Männer-Spiegel aus der Vergangenheit und deine damit verbundenen Themen sind betrachtet. Danke für deinen Mut, es hat sich gelohnt. Wir werden nun eine kleine Pause machen, dann melde ich mich wieder. Lass' dich überraschen und achte einmal darauf, was sich nun im Außen für dich zeigt.

Doch jetzt, in genau diesem Moment, fühle es wieder. Fühle, wie die Quelle alles aus dieser letzten Geschichte fortträgt, heilt und dich neu werden lässt. Genieße es, meine Paula! Bis bald!

Paula drückt nun auf die Speichertaste, nimmt ihre Hände von der Tastatur und sackt auf dem Sofa in sich zusammen. Ihr Gesicht spiegelt sich im noch aufgeklappten Laptopbildschirm. Sie sieht ihre wirren, noch ungestylten Haare, die dunklen Augenränder und klappt schnell den Deckel zu. Wie gut, dass heute Sonntag ist und sie zu Hause bleiben kann!

Dann spürt sie auch schon die sich aufbauende Energie der Quelle in sich.

Paula fühlt und weint auch dieses letzte Mal, tief berührt von der starken göttlichen Energie, der absoluten Gnade. Auch dieses Wort *Gnade* bekommt nun eine andere Bedeutung durch diese Erfahrungen jetzt. Vergangene Bilder ziehen noch einmal in rasendem Tempo durch ihren Geist, um in einem Nichts zu verschwinden. Am Ende bleibt tiefe Stille in Paula, die sie noch eine Weile genießt.

Integration und erste Prüfung

Paula benötigt einige Tage, um das Geschriebene und vor allem das Gefühlte zu integrieren. Am Tag liest sie immer wieder aufs Neue, was die Partner-Spiegel ihr zu sagen hatten, denkt darüber nach.

Manchmal gerät sie dabei in Selbstvorwürfe, beschimpft sich für ihre Dummheit, ihre Unbewusstheit und Naivität zu diesen Zeiten. In solchen Momenten ist Lukas blitzschnell da und achtet darauf, dass dies nicht zur Gewohnheit wird. Da Paula sich aber in ihrem eigenen Karussell aus negativen Gedanken gar nicht mehr wohlfühlt, hört sie schnell von selbst damit auf. Sie denkt dann an dieses herrliche Gefühl der Gnade und wie sie sich während der Arbeit selbst verzeihen konnte. Sie geht nun immer schneller und besser in die Vergebung, so lange, bis alle Schuldgefühle und Selbstverachtung sich endgültig aufgelöst haben.

Tage vergehen, Wochen. Lukas zeigt sich nicht mehr ... Die meiste Zeit verbringt Paula traurig mit sich allein. Nichts passiert im Außen. Selbst Jasmin hat nur wenig Zeit für sie. Manchmal rafft Paula sich zu längeren Spaziergängen in der Natur auf. Danach spürt sie zwar wieder mehr Energie und aufkeimende Lebensfreude, aber es hält nie lange vor. An einigen Abenden schreibt sie sich alles, was sie bedrückt von der Seele, spürt kurze Erleichterung. Jedoch spätestens am nächsten Morgen schämt sie sich für ihr schriftliches Gejammer und löscht es wieder. Paula wünscht sich von Herzen, dass endlich irgendetwas passiert in ihrem Leben, spürt aber keinerlei Impulse, aktiv etwas dafür zu tun. Wahrscheinlich ist diese Zeit noch immer zur Reflektion gedacht, tröstet sie sich. Danach wird ganz sicher etwas Neues in ihr Leben kommen.

In den Nächten, die auf die Innenarbeit folgen, träumt Paula oft von den Männern, aber selbst in den Träumen wird die Energie und die Handlung von Mal zu Mal weicher und liebender.

Das gibt ihr Mut und Kraft, sie wünscht sich neue männliche Spiegel, um zu sehen, wo sie inzwischen wirklich steht und ob sich etwas geändert hat.

Die Erfüllung dieses Herzenswunsches geschieht prompt, entspricht aber ganz und gar nicht ihren Hoffnungen und Erwartungen. Eines Tages trifft Paula einen früheren Arbeitskollegen wieder, den sie zuletzt vor zehn Jahren gesehen hatte. Zuerst verspürt Paula ehrliche Freude und die beiden verabreden sich zum Kaffee trinken. Paula ist bei diesem Treffen schnell erschöpft, denn die Gesprächsthemen drehen sich um ihre frühere Arbeitsstelle, ehemalige Kollegen und Kolleginnen, aktuelle betriebliche Probleme. Ben, ihr einstiger Kollege, ist in dieser Welt ja noch voll integriert, während Paula längst damit abgeschlossen hat und bereits nach den ersten Geschichten geistig erlahmt. Versucht sie jedoch über ihre Gegenwart zu sprechen und über das, was sie jetzt bewegt, wird sie von Ben belächelt oder sofort unterbrochen. Doch sie empfindet Mitgefühl mit dem Mann. Sie spürt seine Überforderung und Hilflosigkeit, da er erst kürzlich einen schlimmen Schicksalsschlag erlitten hatte. Seine Mutter wurde nach einem Urlaub monatelang vermisst und dann tot aufgefunden. Ben hatte ihre stark verweste Leiche identifizieren müssen. Die Polizei vermutete einen Mord, aber der Täter wurde bis heute nicht gefunden. Wahrscheinlich kann Ben das bis heute noch gar nicht richtig be- oder verarbeitet haben. Er redet zwar ganz kurz darüber, aber es ist wohl doch zu emotional für ihn und Paula fragt aus Respekt nicht weiter nach.

Trotz allem Mitgefühls bringt Paula Bens extrem euphorische, sie ständig überfahrende Art, im Laufe des Nachmittags an ihre Grenzen.

Und sie verspürt Angst, denn hinter seiner Freundlichkeit schwingt etwas Bedrohliches. Da lauern soviel Hass und Wut, sodass in Paula alte und sehr bekannte Ängste aufsteigen. Dennoch wundert sie sich selbst darüber, wie klar sie das alles schon während des direkten Kontaktes sehen kann und nicht erst hinterher wie sonst. Tatsächlich schafft sie es auch, sich noch vor Überschreitung ihrer Schmerzgrenze zu verabschieden.

Wieder zu Hause angekommen, genießt Paula das Alleinsein und reflektiert das Geschehene.

Sie ist diesmal nicht einem Helfersyndrom erlegen, hat weder die Therapeutin, noch die Mutter gespielt, wie früher in solchen Situationen. Nach der Verabredung braucht sie zwar einige Zeit, um sich zu erholen, erkennt aber auch, dass sie sich während des Treffens anscheinend nicht selbst verlassen hatte. Ihr innerer Beobachter registrierte und verarbeitete alles relativ neutral, während Paula dem Mann erschöpft gegenübersaß und zuhörte. War es das, was sie erkennen sollte? Und nun?

„Lukas, wie komme ich aus dieser Nummer wieder heraus?", schreit sie hysterisch in den Raum. Er entgegnet gelassen mit einem Zitat aus ihrem aktuellen Osho-Buch: „Agieren statt reagieren!"

Paula nimmt das an, aber das ängstliche Gefühl bleibt unterschwellig bestehen. Ben ruft noch zweimal an, lädt sie auch für das kommende Wochenende zu sich ein. Paralysiert sagt sie erst einmal zu, ärgert sich hinterher aber wieder maßlos über sich selbst. Während der Telefonate geraten sie in hitzige Diskussionen, ja fast Streit über alle möglichen Themen. Paula lässt sich provozieren, obwohl es genau das war, was sie vermeiden wollte. Ben ist weiterhin begeistert, verplant sie wortreich in seinen Vorstellungen und will sogar mit ihr verreisen. In Paula entsteht dadurch ein Gefühl, als würde sie von einer Dampfwalze überfahren werden. Ihr Solarplexus rumort und schickt Alarmsignale der eindringlichsten Art. Nach dem letzten Telefonat ist Paula so erschöpft, dass sie in einen bleiernen Schlaf fällt.

Im Traum sieht sie sich in einer ganz engen Gefängniszelle. Sie spürt genau, dass niemand sie dort je wieder herausholen wird und fühlt tiefe Resignation. Da hört sie ein hämisches

Lachen und eine tiefe männliche Stimme sagt immer wieder: „Den Schlüssel hast du selbst."

Dieser Satz dröhnt auch dann noch in ihren Ohren, als sie in dieser Nacht endlich aus dem Traum erwacht. Es ist stockdunkel und erst 3.00 Uhr – ein Donnerstag im Juni 2012 ... Sie braucht einige Minuten, um sich zu orientieren, dann fällt ihr alles wieder ein: Am Samstag ist sie bei Ben eingeladen. Er freute sich am Ende des Telefonates schon sehr auf ihr Treffen, das hatte er mehrmals wiederholt. Paula bekommt Magenschmerzen und ist nun endgültig hellwach.

„Den Schlüssel hast du selbst", da war er wieder der Satz. War etwa der Schlüssel gemeint, mit dem sie aus dieser Geschichte wieder herauskommen könnte? Bestimmt! Das ist es. Die enge Gefängniszelle, der Satz, so macht auch der Traum Sinn.

Und Lukas hatte Osho zitiert: „Agieren statt reagieren." Und wie kann Paula am besten agieren? Na klar, schriftlich! In ihrem Tempo und ohne unterbrochen zu werden. Letzteres war im Dialog mit Ben schier unmöglich gewesen.

Paula weiß endlich, was zu tun ist. Sie macht Licht im Wohnzimmer, fährt ihren Laptop hoch und lässt den Wasserkocher blubbern, um sich einen Tee zuzubereiten. Mr. Darcy ist vollkommen verwirrt, knurrt genervt und wandert in Paulas Schlafzimmer, um weiterhin seine wohlverdiente Ruhe zu haben. Dort lässt er sich auf ihr Kopfkissen fallen, rollt sich ein und seufzt tief. Eine Minute später dringt sein gleichmäßiges Schnarchen zu ihr herüber. Paula nimmt das heute gar nicht wahr. Sie hämmert auf den Laptop ein. Dazwischen einen Schluck Tee, dann alles nochmal lesen, einiges löschen, etwas anderes hinzufügen. Wieder und wieder lesen, ändern.

Sie möchte eine authentische Mail erschaffen, die ihre Meinung widerspiegelt, ihre Gefühle ausdrückt, aber auf keinen Fall verletzend für Ben sein soll. Ohne Vorwürfe, aber dennoch ganz klar. Sie möchte den Kontakt wieder beenden und die Verabredung absagen. Als Paula endlich auf *Senden* drückt, scheint bereits die Sonne durch das Fenster und Mr. Darcy schmatzt genüsslich bei seiner Morgentoilette. Er ist dabei, seine Ohren zu kratzen. Paula, die jede seiner Regungen kennt, weiß nun: Sie hat noch genau zehn Minuten bis zum Gassi. Also genug Zeit, um die Mail abschließend noch einmal im *Gesendet-Ordner* zu lesen:

Lieber Ben,
nachdem ich die ganze Woche mit mir gekämpft habe, ob ich dich anrufe oder nicht, wähle ich nun doch die Form des Schreibens. Einmal, weil ich das besser kann und zum anderen, weil ich während des Schreibens größere Klarheit für mich bekomme, als in einem Gespräch.

Nach unserem Telefonat vor drei Tagen ging es mir gar nicht gut und ich habe lange Zeit zum Nachdenken gebraucht, ob und wie eine Freundschaft zwischen uns überhaupt entstehen könnte. Ich habe gemerkt, wir leben zwar in einer Stadt, aber doch in völlig verschiedenen Welten. Das Band der Verbindung liegt in der Vergangenheit. Da ich dich nicht verändern will und es auch nicht kann, sehe ich nur die Möglichkeit meines Rückzugs. Aber weil ich große Achtung vor dir habe, wie du mit deinem Schicksal umgehst und auf deine Weise versuchst, das Beste daraus zu machen, möchte ich dir wenigstens ganz in Ruhe meine Beweggründe schildern, damit du mich vielleicht auch verstehst (was ich mir sehr wünsche).

Nachdem ich unser Telefonat noch einmal Revue passieren ließ und nicht schlafen konnte, weil ich merkte, wie sehr ich mich von dir und deiner Art provozieren und auch überfahren ließ, brauchte ich dringend eine Atempause. Ich verstehe dich zwar, kann aber mit deiner unglaublich großen Euphorie einfach nicht umgehen. Das soll keinerlei Vorwurf sein, du bist wie du bist und das ist gut so. Ich möchte dir nur meine eigenen Gefühle mitteilen. Mich ungefragt für deinen Urlaub zu verplanen, das hat mich entsetzt und erdrückt. Dies ist nur ein Beispiel. Ich fühle mich völlig überfordert, spüre immer wieder deine übergroße Erwartungshaltung, die du schon beim ersten Telefonat deutlich gemacht hast. Details schreibe ich jetzt nicht extra, die fallen dir vielleicht auch selbst wieder ein. Ich weiß, dass du das alles lieb und auch ehrlich meinst, aber es überfordert mich massiv. In den letzten zehn Jahren bin ich nur nach Innen gegangen, in eine wohltuende Stille, Achtsamkeit mir selbst gegenüber und möchte dies einfach gewahrt wissen. Die Menschen, mit denen ich seit dieser Zeit befreundet bin, ticken ebenso. Wir haben einfach einen völlig anderen Umgang miteinander, als es sonst allgemein so üblich ist. Wir sind achtungsvoller in Bezug auf die Bedürfnisse des anderen und urteilen nicht ständig. Es ist uns wichtig, uns selbst zu reflektieren, statt Probleme ins Außen und auf andere abzuwälzen. Wir versuchen nach bestem Wissen, einen mitfühlenden und friedvollen, aber auch sehr ehrlichen Kontakt miteinander zu pflegen.

Jedes Mal wenn ich dir während unseren Gesprächen von meinem Leben und meiner spirituellen Ausrichtung erzählen wollte, hast du mich unterbrochen oder meine Ansichten einfach abgetan. Deshalb fühle ich mich im Umgang mit dir so herausgerissen aus meiner Welt, aus meinem Leben. Ich empfinde es als unglaublich anstrengend, weil ich alles was mir wirklich wichtig ist unterdrücken muss. Es hat auch nichts mit dir als Mensch zu tun, ich schätze und mag dich nach wie vor. Nur unsere grundlegende Lebenseinstellung und alles was wir alltäglich erleben, ist viel zu verschieden.

Mir ist dadurch noch einmal glasklar geworden, dass ich in meinem engen Kreis nur Menschen um mich haben möchte, die mein Weltbild, meine Entwicklung teilen können, vielleicht selbst diesen oder einen ähnlichen Weg gegangen sind. Alles andere passt einfach nicht mehr, jedenfalls nicht für eine wirkliche Freundschaft. Wir senden und empfangen auf unterschiedlichen Frequenzen, um einmal bildlich zu sprechen. Zwischen uns kann es also nur rauschen.

Ich bin mir sicher, du wirst ebenfalls die Menschen anziehen, die zu dir passen, die dich so nehmen können, wie du in jedem Moment bist. Das wünsche ich dir wirklich von Herzen. Du hast mir in der kurzen Zeit sehr viel gezeigt, mir auch zu mehr Klarheit für meinen weiteren Weg verholfen und dafür danke ich dir.

Für deinen Weg wünsche ich dir alles Liebe.
Herzliche Grüße Paula

Befreit wandert Paula mit Mr. Darcy durch den Park, atmet immer wieder tief ein und aus. Sie kennt sich und weiß genau: Das ist erst Phase Eins gewesen. Bald wird erneut Angst auftauchen, nämlich die Angst vor Bens Reaktion.

Und so ist es auch. Besonders am Abend versucht Paula sich abzulenken, denn jetzt ist er auf jeden Fall von der Arbeit zurück und wird nach seinen Mails schauen. Paula schaltet den Fernseher ein, um einen Film anzusehen. Aber sie schielt dabei immer wieder auf ihren brummenden Laptop, ob eine Mail eingegangen ist und stopft fast eine ganze Tafel Schokolade völlig unbewusst in sich hinein, bis ihr übel wird. Spät ist es bereits, als die erwartete Mail sich mit dem bekannten Signalton bemerkbar macht. Paula öffnet sie, liest, fällt dann vor Erleichterung regelrecht in sich zusammen. Ben ist zwar traurig, akzeptiert aber alles, was sie ihm geschrieben hat. Ihre Botschaft ist tatsächlich so angekommen, wie sie gemeint war. *Agieren, statt reagieren ist toll!*

Wow, es ist auch gar keine Aggression mehr spürbar. Die Angst in ihr weicht Erleichterung, ganz viel Mitgefühl und Dankbarkeit gegenüber Ben. Er war ein wunderbarer Spiegel und eine Prüfung, ob sie inzwischen mit so einer Situation besser umgehen könne als früher. Ohne die bekannte Ohnmacht eine Möglichkeit zu finden, Klarheit auszustrahlen und sich durchzusetzen, das hatte Paula geschafft. Ganz friedlich und echt. Bens freundliche, akzeptierende Antwort war die Spiegelung ihrer eigenen Resonanz geworden. Mit einer klaren, ehrlichen und respektvollen Erklärung für Ben, hatte sie ihre Grenzen gewahrt und geschützt. Eine weitere Erkenntnis blitzt in Paula auf: Es wird nie mehr möglich sein, in eine alte

Energie aus der Vergangenheit zurückzukehren. Lächelnd fällt ihr ein Spruch aus ihrer sozialistischen Schulzeit in der einstigen DDR ein. Er stammt von Erich Honecker selbst: „Vorwärts immer, rückwärts nimmer."

Was für ein Sprung, denkt Paula. Erst Osho, dann die Stimme aus ihrem Traum und jetzt sogar Erich Honecker. Nun ja, solange es hilft, etwas zu erkennen, sollte eben alles erlaubt sein.

Paula ist fast fröhlich nach diesen Erkenntnissen, aber auch sehr müde. Nach Lukas wird sie erst morgen rufen, um sich Bestätigung von ihm abzuholen. Jetzt möchte sie nur noch tief und möglichst traumlos schlafen. Im Bad sagt sie laut in den Spiegel: „Gute Nacht Osho, gute Nacht Traumstimme, gute Nacht Honni! Jetzt ist aber Ruhe und es wird geschlafen!"

Gut, dass niemand sie hören kann, sonst würden die Männer mit den weißen Jacken wohl längst vor der Tür stehen.

Zweifel, Wunder, Erkenntnisse
Was dann geschah ...

Die Sommermonate gehen dahin. Paula hat die Arbeit mit Lukas gut integriert. Weitere Innenarbeit ist in aktuellen und alten Themen erfolgt. Zweifel, Hoffnung auf Neues und noch immer diese tiefe Isolation beherrschen die dahinfließenden Tage und Wochen. Paula hat das Gefühl unsichtbar zu sein, so leer, dass niemand im Außen sie überhaupt noch wahrnahm. Wie auf Watte läuft sie durch die Stadt, sieht die dahineilenden Menschen und kommt sich vor wie in einer Parallelwelt.

Keimt tatsächlich einmal ein Kontakt zu anderen Menschen auf, sei es per Internet oder in direkter Begegnung, so versickert er sofort wieder im Sande. Ist sie längst tot und hat es nur nicht bemerkt? Nein, da ganz tief innen schlummert das Leben und schickt immer wieder Signale in Form tiefer Gefühle. Paula schreibt ein Gedicht, um dieses Gefühl auszudrücken:

Lebendigkeit

Wo bist du hin, mein Leben?
Magst du dich meiner wohl erbarmen,

so neu und leicht, wie am Beginn?
Ich wage nicht zu fordern, nur zu flehen,
zu groß die Angst, du sagtest Nein.
Müde bin ich, zwar geborgen,
in Mutter Erde's warmem Schoß,
doch drängt die Sehnsucht nach dem Leben,
mich in den Schmerz, so wild und groß.
In Wellen spült er mich nach oben,
damit ich seh' in dein Gesicht,
du buntes, farbenfrohes Leben,
dein Anblick, wie zerreißt er mich.
Als du einst aus mir gewichen,
da nahm ich es wohl kaum noch wahr,
zu tief war alles, was geschah,
zu tief schleppte sich Jahr um Jahr.
Doch nun, wünsche ich sehnlichst mir,
die Tiefe auf dem Meeresgrund
neu zu bewohnen, neu durch dich,
mit Leben, Farben und Musik.
Ich lass mich ein, wenn du mich lässt,
trotze der Angst und auch dem Schmerz,
um mit und in dir Atem neu zu spüren,
so angefüllt ist schon mein Herz.
Will sich in dir nun voll ergießen,
in deinem wilden, schönen Tanz,
Auflösen, Eins sein, voller Stärke.
Werd' ich nun endlich wieder ganz?

Dieses Gedicht sagt viel über Paulas Zustand aus, über das, was ihr in letzter Zeit durch den Kopf gegangen war ...

Eine seelenverwandte Freundin gibt es in der Ferne, mit der sie fast jeden Tag telefonisch Kontakt hält. Sie hatten sich vor Jahren während ihrer Trauerverarbeitung kennengelernt. Karina steckt zeitgleich mit Paula in Isolationsprozessen und besitzt auch eine ähnliche Form der Medialität wie Paula. Gemeinsam halten sie den Kontakt zur geistigen Welt, besonders zu den Sternengeschwistern von Altair, sie durchlaufen mit deren Hilfe Schulungen und Einweihungen. Aber am effektivsten empfinden beide ihr gegenseitiges Aufspüren von Mustern und inneren Widersprüchen. Das geschieht meistens auf die Weise, dass eine von ihnen in einem inneren Desaster feststeckt, während es der anderen gut geht.

Letztere ist dann quasi die *Therapeutin*, bleibt neutral, hinterfragt geduldig, bis es zu einer erlösenden Erkenntnis kommt. Es wechselt in einer Gleichmäßigkeit, die sie oft erstaunt, und am Ende sind die Themen dann sogar immer für beide richtig und wichtig.

Es geht viel um echte Weiblichkeit, aber auch um den Sinn der momentanen Isolation und dem unangenehmen Gefühl des *Nicht-Gebraucht-Werdens*. Im realen Leben ist es oft ein Teufelskreis. Wenn plötzlich Lust und Energie aufkommt, unter Menschen zu gehen, lassen die finanziellen Probleme meist keinen Spielraum. Essen gehen, Kino, Seminare oder Workshops besuchen, all das scheint unmöglich, weil es Geld kostete. Und Geld ist einfach nicht vorhanden. Dennoch wissen beide Frauen, dass ihr Weg nicht falsch sein kann und der Sinn sich eines Tages offenbaren wird. Sie erahnen nur die

Notwendigkeit dieser Isolation.

Sie muss wohl sein, um letztendlich wirklich bei sich selbst anzukommen oder wie Paula es nennt: *In sich selbst einzurasten.*

Gemeinsam haben Karina und Paula in einer monatelangen Arbeit aber auch etwas Wunderschönes kreiert. Ein Manuskript für ein Kartendeck mit Begleitbuch, ganz speziell für trauernde Menschen. Während sie daran arbeiten, geht es ihnen beiden so gut wie lange nicht mehr. Karinas gemalte Bilder und Paulas Gedichte und Texte befinden sich so im Fluss der gemeinsamen Kreativität, dass es eine wahre Freude ist. Es zeigt die tiefe Essenz aus der Trauererfahrung ihrer beider Leben. Diese Erfahrung und die damit verbundene Entwicklung verbinden sie auf sichtbare Weise. Vielleicht darf ja jetzt etwas in die Welt kommen, das hilfreich für andere Menschen ist, um diesen Weg bewusst zu gehen. Zuversichtlich schicken die beiden Frauen ihr Werk an viele Verlage. Sie nehmen sich fest vor, mit den Absagen, mit denen zu rechnen sein wird, gelassen umzugehen und die Hoffnung nicht aufzugeben. Wie lange mag der Enthusiasmus wohl vorhalten?

Paula sucht sich in ihrem Umfeld drei Testleser für die Texte des Begleitbuches. Ihre Tochter Jasmin, ihre Freundin Julia und einen Bekannten, der selbst Autor ist. Das sehr positive Feedback dieser Menschen baut Paula auf und schenkt ihr auch Mut, dennoch fühlt sie sich in der nun folgenden Zeit schon bald wieder nutzlos. Nach diesem schönen Brennen für das Manuskript ist es kühl in ihr geworden und leer. Das Warten auf Antwort der Verlage zehrt und mit jeder Absage im Briefkasten fällt es schwerer, gelassen und hoffnungsfroh zu bleiben, wie sie und Karina es sich vorgenommen haben.

Nur ganz selten purzeln Schreibaufträge oder mediale Arbeit in Paulas Mailfach. Doch diese seltenen Male werden dafür intensiver als je zuvor. Sie blüht auf, genießt die Arbeit, gibt ihr Bestes und oft noch viel mehr. Hoffnungsfunken, dass es jetzt endlich vorwärtsgehen könnte, keimen auf. An den Wochenenden unternimmt sie jetzt häufig etwas mit ihrer Tochter, am liebsten besuchen sie Kreativmärkte in der nahen Umgebung, von denen es um diese Jahreszeit viele gibt. Paula und auch Jasmin haben eine Schwäche für *Handgemachtes* und geben auch gerne einmal Geld für getöpferte Tassen oder Schmuck aus.

Später, wenn sie wieder alleine ist, spürt Paula die Stille und manchmal auch Resignation.

Aber es hat sich dennoch etwas in ihr verändert. Diese Gefühle, wie Hoffnung oder Resignation sind natürlich da, aber irgendwie nur in einer oberflächlicheren Ebene. Eine Etage tiefer sitzt ständig und unverrückbar ein völlig gelassener, heiterer Buddha. Und den spürt sie mehr und mehr, nimmt ihn als eigene Essenz wahr, die langsam aber sicher die Regie in ihrem Lebensfilm übernimmt. Dramen, so wie früher, gibt es kaum noch. Dafür befreien kurze Tränenausbrüche wohltuend, die Traurigkeit ist nicht mehr so stark mit Leid und Schmerzen verknüpft.

Wenn Paula diese Traurigkeit beschreiben will, fällt ihr immer das Wort *bittersüß* ein. Sie geht gerne in dieses Gefühl, flüchtet sich nicht mehr in Ablenkungen. Es tut genauso gut wie Freude. Es schenkt ihr wohltuende Stille und Befreiung, wenn die Tränen frei fließen dürfen.

Lukas erscheint manchmal, lächelt, lässt beruhigende Energie bei Paula und verschwindet wieder still. Die Zeit arbeitet für sich. Lukas weiß, dass wichtige Prozesse jetzt ihren Lauf nehmen und Paula wird das irgendwann auch spüren können. In diesen Momenten aber ist Paula sauer auf ihn und sein Schweigen. Sie glaubt kaum noch an das, was er ihr versprochen hatte und fühlt sich oft von ihm verlassen. Trotzig hat sie auch aufgehört, von sich aus nach ihm zu rufen.

Im Außen scheint sich nichts zu verändern. Keine neue Arbeit, kaum menschliche Kontakte. Aber im Inneren vollziehen sich Wandlungen, die Paulas Gehirn nicht analysieren kann.

Nur ihr Bauchgefühl sendet so manches Mal starke Gefühle von Neubeginn. Und Paula sehnt sich so sehr nach Leben.

Nach einem Leben ohne das ständige Gefühl von Überforderung, in ihrem Tempo, in ihrer Zeit. Und vor allem ohne Kampf! Sie hat keine Ahnung wie das aussehen könnte. Jedes Mal, wenn sie darüber nachsinnt, kommen Angst und Resignation in voller Härte in ihr hoch. Das Alleinsein ist längst zum Freund geworden, die Einsamkeit hat sich verwandelt und in dieses angenehme Wohlgefühl transformiert. Sie kann es zutiefst annehmen, aber der Ausgleich fehlt. Pulsierendes Leben, in das sie sich stürzen möchte, um danach das Alleinsein wieder besonders genießen zu können. Gedanken um das *Wie* verursachen jedoch auch hierbei nur Angst. So beschließt sie alles laufen zu lassen, den Kopf bei diesem Thema auszuschalten und einfach das zu tun, wofür Impulse, Lust und Möglichkeiten vorhanden sind. Das funktioniert manchmal schon ganz gut. Die krampfhaften und hoffnungslosen Hamsterradgedanken über Geldverdienen und Mangel überfallen sie seltener oder bleiben nicht lange bei ihr.

Paula häkelt inzwischen mit Leidenschaft, erfreut sich daran, endlich etwas mit ihren Händen zu erschaffen. Wenn sie mit einer Arbeit fertig ist, durchströmen sie tiefe Glücksgefühle. Sie hat etwas für sich selbst erschaffen, mit ihren eigenen Händen, und nicht wie in den letzten Jahren immer nur geistig für andere Menschen. Ebenso glücklich macht es Paula, in Blumenerde zu wühlen, ihre heißgeliebten Hauswurzpflanzen umzupflanzen, jedes neue Blatt zu begrüßen und zu bewundern. Diese robusten Gewächse, mit dem wunderbaren Namen *Sempervivum*, was *ewig lebend* bedeutet, lassen in Paula eine neue Saite erklingen. Da es mehrjährige Pflanzen sind, können sie also auch künftig unbeschadet auf Paulas Balkon überwintern. Die schönen halbkugeligen oder auch sternförmigen Rosetten besitzen eine Art heilige Geometrie und wachsen aus ihrer Mitte heraus. Die dickfleischigen Blätter können Wasser speichern und eine Sorte besitzt eine richtige Behaarung, die wie ein Spinnennetz aussieht.

Fasziniert von Robustheit, Stärke und einfach gehaltener Schönheit, nimmt Paula diese Pflanzen als ihre mentalen Begleiter in einem neuen Lebensabschnitt wahr. Sie umsorgt die Pflänzchen, beobachtet, um von ihnen zu lernen. Sie gestaltet liebevoll Ableger-Schalen, mit Moosen, Zier-Kies, kombiniert die Pflanzen mit Edelsteinen. Das alles tut sie nur für sich, für ihre ganz persönliche Freude. Das ist auch etwas, das sich irgendwie neu anfühlt. Manchmal lächelt Paula darüber, sie kommt sich dann vor wie eine uralte Rentnerin, die mit

Pflanzen spricht, während sie auf die Mahlzeiten wartet, oder ihrem Hund Gedichte von Rilke vorliest, früh zu Bett geht und langsam aber sicher wunderlich wird. Dann fragt sie ihre geistigen Begleiter um Rat. Lukas schweigt meistens, aber andere Sternengeschwister von Altair melden sich medial und diktieren ihr beruhigende Texte.

Und so geht der Sommer langsam dem Ende entgegen ...

Herbstleuchten

Eine goldene Morgensonne liegt über dem See und bringt ihn zum Glitzern, als Paula mit Mr. Darcy in den ersten Herbsttagen durch den Park läuft. Die großen alten Bäume zeigen schon ein wenig gelb und rötliche Spuren in den sonst noch grünen Blättern, die Kastanien sind dick und rund geworden, aber noch nicht bereit, sich von ihren Ästen zu lösen. Der Tau in den Büschen rundherum, lässt die Spinnennetze sichtbar und zu kleinen Kunstwerken werden. Vor Paula und Mr. Darcy gehen einige Touristen spazieren. Paula erkennt sie an den bewundernden Lauten, die diese Menschen beim Anblick des traumhaften Märchenschlosses ausstoßen. Das Schloss steht an der anderen Seite des Parks auf einer Halbinsel und ist in seiner Schönheit wirklich atemberaubend, besonders die goldenen Türme, die in der Morgensonne leuchten.

Tief atmet Paula die frische Luft ein und freut sich, dass der stickige, schwüle Sommer sich endlich verabschiedet. Ein Schwanenpaar fliegt so tief über ihren Kopf, dass sie den Windzug und das geräuschvolle Schwingen der Flügel wahrnimmt. Mit Gänsehaut am ganzen Körper schließt sie kurz die Augen, um diese wunderschöne Energie noch einen Moment zu genießen. Als sie die Augen wieder öffnet, schwebt ganz langsam eine kleine, weiße Feder hinab, landet auf ihrem Schuh und bleibt dort liegen. Paula hebt sie auf, lächelt und pustet sie wieder in die Luft. Sie hat verstanden.

Lukas ist da.

Endlich spürt sie wieder seine Nähe, so intensiv und schön wie lange nicht mehr. Das trotzige Böckchen der letzten Monate löst sich innerhalb einer Sekunde auf und weicht ihrer Liebe zu ihm. Zu solch heiligen Momenten ist eben nur Lukas fähig. Mr. Darcy hat sich auf die Wiese gesetzt, mit seinem typisch verklärten Blick. Selbst die Enten interessieren ihn jetzt nicht.

Auch er ist dem Zauber von Lukas ausgesetzt, denkt Paula und Freude steigt in ihr auf. Freude am Leben zu sein. Freude, dass sie eben nicht nur mit den physischen Augen sehen kann. Freude über ihre Gabe, die sie so oft als Fluch empfand. Irgendetwas passiert heute noch, da ist sie sich sicher. Lukas' Energie begleitet sie und Mr. Darcy auf dem Heimweg. Nach dem Frühstück muss sie Karina anrufen, das erkennt sie in diesem magischen Moment ganz klar.

Und so geschieht es auch. Paula erzählt ihrer Freundin die morgendlichen Erlebnisse sowie von dem Gefühl, dass heute noch etwas geschieht. Wie immer in solchen Situationen verbinden sich die Seelen der beiden Frauen und sie nehmen beide wahr, dass die geistige Welt bereits anwesend ist. Gänsehaut überzieht die Freundinnen gleichzeitig trotz der räumlichen Entfernung. Heute sind es Lukas, Karinas verstorbener Sohn Sam, dessen Seele auch von Altair stammt und noch einige andere Sternengeschwister, die sich für Paula und Karina sichtbar machen und ihre Bereitschaft für eine geistige Kommunikation zeigen. Aufgeregt sagt Paula zu ihrer Freundin: „Hast du auch so ein Gefühl, dass unsere geistigen Freunde heute irgendwie feierlich wirken? Lukas trägt etwas, das sieht aus wie ein weißes Gewand!"

Karina bestätigt Paula das Gefühl. Auch Sam sieht in ihren Augen heute noch leuchtender aus als sonst bei ihren hellsichtigen Kontakten mit ihm. „Dann lassen wir uns mal überraschen, was unsere feinstofflichen Freunde mit uns vorhaben. Also, physische Augen zu, das dritte Auge weit auf und dann auf Kommando die Antennen ausfahren!", albert Karina. Die beiden Frauen kichern, werden dann aber für eine Weile still und lauschen. Sie spüren beide: Heute wird es um ein ganz besonderes Thema gehen, nicht wie sonst um Innenarbeit oder Transformation.

Paula und auch Karina haben in der Vergangenheit bereits vielen Verstorbenen auf mediale Weise geholfen, ins Licht zu gehen, wenn sie durch Angst oder Schuldgefühle erdgebunden blieben und sich deshalb quälten. Der Übergang geschieht dann mit Hilfe geistiger Wesen, die gerufen werden oder durch bereits verstorbene Angehörige, die sich den unerlösten Seelen zeigen. Die beiden Frauen haben schon lange keine Angst mehr vor den Hilferufen dieser unerlösten Seelen, welche in Form von unangenehmen Gefühlen, dem Aussetzen oder Flackern von elektrischen Geräten, durchgebrannten Glühbirnen und anderen Zeichen erfolgen. Sie können es fühlen und erkennen. Es bedeutet inzwischen fast Normalität.

Heute wendet sich aus diesem Grunde Amandar, ein

Sternenbruder von Altair und Vertrauter von Lukas, an sie. Er sagt: „Nach eurer intensiven Innenarbeit in diesem Jahr möchten wir euch eine Erleichterung für die Erlösungsarbeit mit den Verstorbenen schenken. Auch wenn ihr es über einen längeren Zeitraum kaum noch getan habt, Eure Gabe ist diesbezüglich nicht verloren gegangen. Ihr möchtet beide wieder arbeiten und so soll es sein. Bitte geht nun für einen Moment in tiefe Stille. Wir richten etwas in euch ein, was diese Arbeit einfacher machen wird."

Paula und Karina spüren, wie intensiv an ihnen gearbeitet wird. Es fühlt sich schön an, Gänsehautschauer und Ohrendruck wechseln sich ab. Karina kommen die Tränen.

Dann nach einer Weile meldet sich Amandar wieder: „Es ist vollbracht, meine Lieben. Euer Solarplexus-Chakra ist nun direkt mit dem Lichttunnel verbunden. Wenn künftig eine Seele ins Licht geführt werden soll, wird sie direkt durch euch hindurchgehen können. Es wird sehr angenehm werden, auch für euch selbst. So könnt ihr besser spüren, ob die Seele wirklich gegangen ist. Bald schon werdet ihr die erste Gelegenheit bekommen. Und es wäre gut, es dann anfangs gemeinsam zu tun, sodass einer von euch Energieträger ist, während der andere die Seele ins Licht führt. Ich bedanke mich, liebe Schwestern!"

Eine Welle der Liebe durchflutet Paula und Karina, sodass Tränen der Rührung fließen. Hinter Paula steht Lukas, hinter Karina Sam.

Die beiden Frauen wundern sich immer wieder darüber, wie intensiv und nah sich das alles anfühlt, obwohl sie durch so viele Kilometer getrennt und nur am Telefon verbunden sind. Aber so ist es eben, die körperliche Anwesenheit ist völlig unwichtig, nur die Verbindung der Seelen zählt und die ist unabhängig von Wohnorten und Entfernung. Paula und Karina verabschieden sich voneinander, jede möchte das eben Geschehene nun für sich integrieren. Aber sie versprechen einander, sich sofort zu melden, falls eine von ihnen die erste unerlöste Seele wahrnehmen sollte.

Paula bringt das Handy in die Aufladestation im Flur, denn nach diesem langen Telefonat ist der Akku fast leer. Sie geht in die Küche, räumt dort ein wenig auf. Paula fühlt sich großartig und auch wieder ein wenig geborgener. Lukas' Dasein und das eben Erlebte geben ihr Kraft und auch Freude, dass sie eines Tages vielleicht wieder mehr in dieser Richtung helfen kann. Die Kontakte zu Verstorbenen und ihren noch lebenden Angehörigen hier auf der Erde haben ihr bisher immer viel Freude und eine tiefe innere Erfüllung geschenkt. Wenn eine Seele, die sich eben noch in Angst oder Schuld quälte, dann letztendlich glücklich ins Licht ging, so war das für alle Beteiligten ein sehr berührender Augenblick voller Liebe und Schönheit. Bevor Lukas nach dem Einrichten des Lichttunnels wieder verschwand, hatte er ihr noch mitgeteilt, dass sie diesen Anschluss in der Zukunft noch viel nutzen würde, denn es wartet diesbezüglich eine spezielle Arbeit auf sie, auch wenn es noch ein wenig dauern würde. Die Zeit bis dahin könne sie zum Üben nutzen.

Paula freut sich, hat neue Hoffnung. Und insgeheim ist sie sehr froh, dass Lukas heute nur *dienstlich* anwesend war und sie nicht auf ihr *Männerthema* angesprochen hatte, denn darauf verspürt sie nicht nur momentan, sondern grundsätzlich gar keine Lust.

Paula hat schließlich ganz andere Prioritäten. Arbeiten, wieder ihrer medialen Berufung nachgehen und schreiben, immer wieder schreiben.

Am Abend spürt Paula plötzlich ein körperliches Unwohlsein sowie Kälte im Raum. Mr. Darcy verhält sich auch komisch und guckt ängstlich in Richtung Fernseher. Sollte sich tatsächlich jetzt schon die erste Möglichkeit zeigen, einer Seele zu helfen? Das merkwürdige Gefühl intensiviert sich, Paula wird immer unruhiger und greift schließlich zum Telefonhörer, um Karina anzurufen. Die ist gleich dran und lacht. Wie schnell die geistige Welt doch sein kann!

Karina hält nun die notwendige Energie aufrecht, indem sie ein Feld aus schützender, lichtvoller Energie visualisiert, das sie beide umschließt und Paula fühlt. Da nimmt sie eine weibliche, vertraute Energie wahr, die schnell deutlicher wird. Bald sieht sie diese auch mit dem dritten Auge. Es ist ihre frühere Arbeitskollegin, die vor einiger Zeit an Krebs starb. Paula wundert sich, dass sie immer noch erdgebunden ist, da sie sehr friedlich, bewusst und im Kreis ihrer Familie starb.

Damit Karina alles mitbekommt, wiederholt Paula alles laut. Auch das, was die Seele ihrer einstigen Kollegin antwortet.

„Warum bist du noch hier? Warum bist du nicht gleich ins Licht gegangen?", fragt Paula.

„Weil ich Angst habe! Wenn ich gehe, dann lasse ich womöglich meinen Krebs hier und dann trifft es meinen Mann oder eines meiner Kinder." Sie weint.

Paula atmet kurz durch und sagt: „Und wenn du mir deinen Krebs symbolisch gibst und ich ihn zum Transformieren in den Lichttunnel schicke? Würdest du es dann schaffen, ins Licht zu gehen?"

Die Antwort lautet: „Ich weiß nicht, ich bin unsicher. Aber ich glaube schon. Ja, dann werde ich gehen. Aber nur, wenn der Krebs wirklich nicht hierbleibt."

Paula streckt ihre Hände aus, nimmt ihr nun das symbolische Krebsgeschwür ab und schickt es mittels Visualisierung und einer Art Gebet, die man auch Anrufung nennt, durch ihren Solarplexus in den Lichttunnel.

Karina lauscht währenddessen atemlos und fühlt mit, was nun geschieht. Paula weint, sie sieht die Auflösung des Krebses im Lichttunnel, sie spürt unendliche Liebe. Dann fasst sie sich und bittet die Seele der Arbeitskollegin, nun selbst durch sie hindurch ins Licht zu gehen. Diese sagt jetzt mit Erleichterung: „Danke, liebe Paula, von ganzem Herzen. Jetzt habe ich keine Angst mehr!" Und eine Sekunde später ruft sie freudig: „Ich sehe meine Oma! Da in dem hellen Licht steht sie und streckt die Hände nach mir aus. Wow, ich spüre so eine Liebe!"

Dann geht sie durch Paula hindurch in den Lichttunnel. Paulas Körper durchfährt ein Ruck und anschließend weint sie bitterlich, weil sie diese unbeschreibliche Liebe kaum aushält.

Nach einer Weile kann sie wieder mit Karina, die alles mitgehört hat, reden. Auch sie ist ebenfalls stark berührt. Diese Art und Weise der Hilfe ist umso vieles direkter und emotionaler als früher.

Bereits am nächsten Tag erhalten sie die Chance, dass auch Karina ihre Verknüpfung mit dem Lichttunnel testen kann und Paula die Energie hält. Beide sind so dankbar und freuen sich auf das, was in der nächsten Zeit kommen mag.

Und es geht weiter. Kurze Zeit später erhalten sie die Botschaft aus der geistigen Welt, dass bald etwas Wunderbares geschehen wird und sie auf ihre Impulse achten sollen. Es würde aber nichts mit der Lichttunnel-Installation, sondern mit etwas Weltlichem zu tun haben. Mit etwas, das sie beide angeht. Paula und Karina wundern sich und rätseln vergeblich, was es sein könnte. Mehr erfahren sie jedoch zurzeit noch nicht aus der geistigen Welt. An ihr Manuskript denken momentan beide nicht, das liegt in einer Ecke, denn alle angeschriebenen Verlage haben inzwischen abgesagt.

Als Paula eines Morgens im Internet in ein bekanntes soziales Netzwerk schaut, fällt ihr dort der Beitrag eines Verlages auf, von dem sie selbst schon viele schöne Bücher gelesen hatte. Sie überlegt eine Weile. Nein, an diesen Verlag hatten sie das Manuskript gar nicht geschickt! Sofort ruft sie Karina an. Die ist ganz aufgeregt und sagt, dass Paula es schnellstens dorthin absenden sollte.

Und so geschieht es auch. Paula holt das Exposé des Manuskriptes aus der Ecke, in die sie es nach der letzten Absage verbannt hatte, streichelt es kurz und steckt es lächelnd in einen großen Umschlag. Einen Tag später, an einem Montag trägt sie es in hoffnungsfroher Stimmung zur Post. Letzter Versuch!

Die weiteren Tage der Woche verlaufen turbulent und Paula denkt schon sehr bald nicht mehr an das Manuskript. Als sie dann am Freitagabend den Computer anschaltet, entdeckt sie eine Mail von dem angeschriebenen Verlag. Erst einmal atmet sie tief durch, dann öffnet sie zögerlich die Mail. Das kann nach so kurzer Zeit doch nur eine Absage sein. Tausend Gedanken fliegen durch ihren Kopf, reden durcheinander. Endlich sieht sie die Zeilen.

Sie traut ihren Augen nicht. Der Inhaber des Verlages schreibt sehr freundlich. Ihm gefällt das Exposé und er möchte gerne das ganze Manuskript per Mail haben. Paula bleibt fast das Herz stehen. Während sie umgehend die Datei mit dem kompletten Manuskript abschickt, ruft sie gleichzeitig bei Karina an. Beide geraten nun durch die gemeinsame Freude völlig aus dem Häuschen, mahnen sich dann aber schnell gegenseitig, nicht euphorisch zu werden, denn noch ist es keine Zusage. Trotzdem ist die Freude riesengroß. Ein Hoffnungsschimmer, und was für einer!

Bereits am nächsten Tag geht eine weitere Mail vom Verlag ein, dass dieser ihr Manuskript sehr gerne veröffentlichen würde, sogar mit einem Kartendeck, so wie es vorgesehen war. Eine gute Woche später haben Paula und Karina bereits den Vertrag unterschrieben und strahlen mit der Herbstsonne um die Wette. Jetzt müssen sie nur noch ein Jahr warten, dann wird ihr gemeinsames Werk erscheinen. Das steht fest wie das Amen in der Kirche.

So viel Glück ist kaum zu fassen nach all den unpersönlichen Absagen zuvor. Den beiden Frauen fällt nun auch ein, dass dieses Ereignis wohl das angekündigte Wunder sein muss und in dem Moment hört Paula Lukas und Karina Sam fröhlich lachen.

Wie Weihnachten!, denkt Paula. Gegen dieses Geschenk kommt kein noch so strahlend buntgeschmückter Tannenbaum der Welt an. Auch wenn einige Zeit bis zum Erscheinen des Buches vergehen würde, das warme glückliche Gefühl ist da und bleibt, sobald sie nur daran denkt und es lässt sich nie mehr vertreiben. Ihr gemeinsames *Baby* mit Karina, es darf in die Welt. Die Essenz aus Paulas letzten 20 Lebensjahren ist in den Gedichten und Texten enthalten und Karina geht es mit ihren Bildern genauso.

Sternentor 1-3-7 auf Altair – VERSAMMLUNG AUF ALTAIR

Der Große Rat hat sich im Tempel zusammengefunden, um über die auf der Erde inkarnierten Sternengeschwister zu reden. Natürlich ist auch Lukas anwesend, denn er braucht dringend den Rat der Älteren, was seine Paula betrifft. Irgendetwas blockiert seinen Plan, einen Kontakt zwischen dem bewussten Mann und Paula zu arrangieren. Er versuchte es mehrfach, aber Paula hatte alle von Lukas gesandten Impulse ignoriert. Das beunruhigt ihn.

Nachdem er an die Reihe kam und dem Rat alles erläutert hatte, fängt Amandar an zu sprechen: „Lieber Bruder, du liebst sie sehr, das wissen wir alle hier. Aber bitte sei nicht voreilig, denn das könnte das Schöne in Gefahr bringen. Paulas Seele hat bereits über die Traumebene um Zeit gebeten."

Lukas wundert sich. „Warum?", fragt er irritiert. „Es könnte doch endlich gut werden für sie. Was für eine neue Wachstums- und Heilungschance wartet auf sie!"

Amandar lächelt ihn nachsichtig an. „Dir fehlt Neutralität, um das zu beurteilen. Du bist zu sehr mit ihr verbunden. Schau, Paula fängt gerade erst an, eine wirklich eigene Identität zu entwickeln. Sie ist endlich mehr bei sich selbst angekommen, kann ihr Alleinsein genießen. Lass' sie doch noch ein wenig nur mit sich selbst sein. Alles ist so frisch und könnte leicht ins Wanken geraten. Du möchtest doch sicherlich nicht, dass sie sich beim nächsten Mann wieder auflöst und verlässt. Das Gelernte sollte auf jeden Fall ein wenig gefestigt und mehr integriert sein. Paula fühlt sich wohl, gerade jetzt, wo ihre vielen Bemühungen anfangen, Früchte zu tragen. Sie ist schon so oft einfach nur fröhlich und kreativ, die Unschuld kehrt zurück. Das alles ist noch ein bisschen wackelig. Dazu kommt, dass sie Männern gegenüber generell sehr misstrauisch geworden ist und daher auch nicht wirklich offen sein kann. Sie ängstigt sich, dass alles wieder so schwierig und schmerzhaft wird wie bisher. Warte also noch ein wenig, mein Freund."

Die anderen Mitglieder des Rates stimmen Amandar zu und Lukas seufzt. Er akzeptiert und versteht es natürlich. Nein, er will das Schicksal nicht durch übertriebene Eile herausfordern. Paulas Glück und ihre Heilung ist ihm im wahrsten Sinne des Wortes heilig. Und so wird er sich die nächste Zeit um Paulas *Fortbildung* kümmern, ihr Impulse für bestimmte Bücher geben. Und natürlich wird er sie in jeder möglichen Weise zum Schreiben ermutigen. Denn das Schreiben ist für sie wie eine Metamorphose, bei der Altes bröckelt, um zu vergehen und Neues geboren wird.

Lukas bedankt sich bei dem Rat und verlässt zufrieden den Tempel.

Draußen sieht er den magentafarbenen Himmel und alle anderen prächtigen Farben des ätherischen Sternensystems Altair.

„Ach Paula ...", seufzt er. „Wenn du das alles hier doch jetzt mit meinen Augen sehen könntest. Keine Zweifel würden dich mehr plagen. Unsere Heimat ist so wunderschön."

Mental schickt er Paula in ihren nächtlichen Traum einige Bilder von zu Hause, ein wenig gedämpft, damit sie diese in ihrer Intensität aushalten kann. Farben, Klänge, Energien und Liebe, überirdisch schön ...

Paulas Traumreise

Tief versinkt Paulas Körper in dieser Nacht in einen hypnotischen Zustand. So tief, dass ihre Seele beruhigt einen weiteren Ausflug unternehmen kann. Der Körper wird von einem Kreis aus hohen Lichtwesen beschützt.

Paula fliegt schwerelos in diesem Traum, der eigentlich gar kein Traum ist. Sie sieht sich selbst. Viel jünger, schlanker und schöner als in der irdischen Realität. Ein wenig durchsichtig, aber glasklar. Liebe und ein unglaublich starkes Heimatgefühl durchströmen Paula, als sie auf Altair ankommt. Amandar empfängt sie herzlich und legt ihr einen goldenen Mantel mit einer Kapuze um. Dann bekommt sie eine merkwürdige Brille. Paula wundert sich darüber und Amandar erklärt ihr den Grund: „Die Impulse der Schönheit und der Farben des Sterns sind zu stark für dich. Deine Seele könnte unter Umständen nicht mehr in den Körper zurück wollen und das würde bedeuten, dass du große Schmerzen und sogar Depressionen bekommen könntest, wenn du danach wieder im Körper ankommst. Setze bitte jetzt die Brille auf!"

Paula bedankt sich für die Erklärung und folgt Amandars Aufforderung. Sie stellt fest, dass sie trotz der Brille genug sieht. Diese Farben, diese sehnsuchtsvolle Erinnerung. Alles ist vertraut, heimatlich und dann die reine, unbeschreibliche Liebe ... Paula schwebt, genießt, fühlt.

Amandar führt sie sanft zu dem großen Tempel. Dort warten bereits einige Brüder und Schwestern, um Paula zu begrüßen. Ja, sie kennt sie alle. Um sie herum wird ein Kreis gebildet, nur Lukas steht direkt neben ihr. Er und auch die anderen tragen weiße Gewänder, mit goldenen Mustern. Nun fangen alle an zu singen. Es ist kein richtiger Gesang wie auf der Erde, es ist eher ein Tönen. Die Schwingungen und die Klänge lassen Paula am ganzen Körper zittern. Es ist, als ob die Töne in jede Zelle ihres Körpers eindringen. Da wird ihr bewusst, dass es ja nur ihr Ätherkörper ist, mit dem sie hier ist. Hat der Zellen? Paula muss lächeln. Was für Gedanken diesen heiligen Moment stören wollen. Nun genießt sie einfach, lässt sich tragen, emporheben und Lukas ist bei ihr.

Das muss das Paradies sein, denkt sie.

Die Töne ebben ab, der Kreis der Sternenwesen öffnet sich. Amandar führt Paula nun alleine in den Tempel.

„Schau einmal auf den Boden, was du da siehst", erklärt er ihr. Und Paula schaut. Das gibt es doch nicht! Auf dem Boden des runden Tempels befindet sich das Symbol, welches sie seit Jahren so gerne als Kettenanhänger trägt. Es zeigt das *Rad des Schicksals* aus dem Tarot in Gold und in der Mitte ist ein grüner Smaragd.

„Jetzt weißt du, warum du dich mit dieser Kette so wohlfühlst und anderen erzählst, sie sei schon an deinem Hals angewachsen", lacht Amandar. Sie erinnert dich an zu Hause.

Paula freut sich und bewundert die Schönheit und Größe dieses Symbols im Tempel. Besonders der geschliffene Smaragd ist von einer besonderen Schönheit.

„Und nun lege dich bitte auf das Symbol, liebe Schwester. Es wird dich aufladen und mit Heimatenergie erfüllen. Bleib einfach liegen, so lange, bis du wieder zurück in deinen irdischen Körper gehst."

Paula legt sich hin und Amandar verlässt den Tempel.

Dann spürt sie eine gewaltige Energie durch ihren Ätherkörper strömen, sie hat das Gefühl zu schweben, genießt weiterhin und ist einfach glücklich.

Nach einer endlos scheinenden Weile gibt es plötzlich einen Ruck, es ist wie ein Zurückreißen, und Paula befindet sich rasend schnell wieder in ihrem Körper. Schmerz und Traurigkeit durchzucken sie kurz, aber sie wird nicht wach. Das Erleben geht in einen weiteren Traum über, der sich allerdings so anfühlt, wie die sonst üblichen Träume. Sie schwimmt in einem großen Pool, voll mit blauem Wasser, die Sonne scheint. Es ist sehr angenehm und niemand weiter ist anwesend. Sie spürt das weiche Wasser an ihrem Körper, es ist so sanft und friedlich. Dann wacht Paula langsam auf und findet nur schwer ins Tagesbewusstsein.

Sie hört vertraute Geräusche. Mr. Darcy kratzt wütend mit seiner Pfote an ihrem Bett. Seine treuen, aber drängenden Augen helfen ihr endgültig zurück in die irdische Realität. Mr. Darcy möchte Gassi gehen. Seine Blase drückt. Und so zieht sich Paula schnell an und eilt an die frische Morgenluft.

Draußen schlägt Mr. Darcy die Route zum Park ein, sie folgt ihm und lässt beim Gehen die Erlebnisse noch einmal langsam Revue passieren, während sie tief die frische Luft einatmet. Nichts hat sie vergessen, alles ist glasklar. Und immer noch fühlt sie die Energie von Altair. Dankbarkeit erfüllt sie für die Möglichkeit dieser erlebten nächtlichen Seelenreise, durch die sie ihre Sternengeschwister und ihre Heimat besuchen durfte. Dadurch geht es Paula heute so gut wie schon lange nicht mehr.

Königin im eigenen Reich

Einige Tage später *spielt* Lukas in Paulas Wohnzimmer mit Mr. Darcy. Dieser hebt die Pfote in die Luft, guckt aufgeregt von einer Ecke in die andere. Paula, die gerade konzentriert vor einem Schreibauftrag für eine Kundin sitzt, reagiert nicht.

Mr. Darcy fängt nun laut an zu knurren, um ihre Aufmerksamkeit zu bekommen. Es klappt. Paula schreckt hoch.

„Lukas?", fragt sie in den scheinbar leeren Raum. „Bist du das? Ärgerst du schon wieder Mr. Darcy?"

Da spürt sie auch schon die bekannte Gänsehaut auf dem Rücken.

„Was gibt's denn?", fragt Paula nun ein wenig genervt. „Ich muss mich hier konzentrieren. Bin froh, dass ich endlich einmal wieder einen Auftrag habe."

Lukas lacht. „Das sollst du auch, aber im Moment steckst du doch gerade fest und kommst nicht weiter. Was hältst du von einer kleinen Ablenkung?"

Paula gähnt, reckt sich, geht in die Küche, um sich einen Tee zuzubereiten.

„Paula, läufst du etwa vor mir weg? Keine Chance! Ich warte. Ich habe Zeit. Viel Zeit."

Paula knurrt genauso wie Mr. Darcy und sagt: „Das weiß

ich selbst nach zwanzig Jahren geistiger Ehe mit dir. Komme gleich. Was willst du denn heute? Wieder Innenarbeit oder was Nettes?"

„Beides natürlich", antwortet Lukas. „Erinnerst du dich noch an deinen Wunsch nach einem König? Damals sagte ich dir, dass du dazu erst einmal selbst eine Königin sein musst. Und darüber sollst du heute schreiben."

„Was? Kann ich mich nicht erinnern, habe ich bestimmt nur so daher gesagt." Paula ist wenig begeistert von dem Thema.

„Nichts ist nur so daher gesagt, Liebes", kontert Lukas. „Komm, sei ein braves Mädchen und schreibe alles auf, was dir jetzt einfällt."

„Und was soll ich dann damit?", fragt Paula.

„Nun, als Erstes sollst du selbst darüber nachdenken, wo du gerade stehst, und vielleicht bewusster auf die Punkte sehen, wo es noch hapert. Außerdem wäre es schön, wenn du das Werk dann in deinen Blog setzt. Es wird einige Frauen geben, die sich darüber wirklich freuen werden. Für die es jetzt ein genauso wichtiger Impuls sein wird wie für dich."

„Na gut. Du machst mich neugierig und im Moment fällt mir wirklich nichts ein für die Kundin. Wirst du diktieren oder wie machen wir das?", fragt Paula, nun sehr bereitwillig.

„Alles, was du jetzt schreibst, kommt aus dir, es ist dein altes Wissen, was dein Verstand für die Jetzt-Zeit aufbereitet. Lass' es einfach fließen und schreibe das, was kommt. Nicht denken, bitte. Wenn du fertig bist, speichere es ab und schaue es erst morgen wieder an. Okay?"

„Klingt komisch, aber das bin ich ja gewohnt. Lukas? Bist du noch da?" Mr. Darcy liegt schnarchend und entspannt unter dem Tisch. Also ist Lukas weg. In Paulas Bauch und in ihrem Kopf kribbelt es, ein Zeichen, dass sie zu schreiben beginnen kann. Sie hebt die Hände, legt sie auf die Tastatur und wie von Zauberhand entsteht folgender Text vor ihren Augen:

Zehn Grundregeln für gute Königinnen

1. Gib' niemals dein Zepter ab!
   Deine Krone ist nur ein Schmuckstück, ein Statussymbol für andere. Aber dein Zepter, das bist du. Deine Prinzipien, deine Gerechtigkeit und Wahrheit, deine ganz spezielle Art, in deinem Land zu regieren. Wenn du es abgibst oder verlierst, treibst du wie ein Schiff ohne Steuer auf dem offenen Meer, ausgesetzt, ohnmächtig, hilflos. Also gib' gut acht auf dein Zepter.

2. Höre dir alles an, aber entscheide du selbst!
   Ratgeber gibt es viele am Königshof. Gute und schlechte. Höre aufmerksam zu und achte dabei besonders auf dein Bauchgefühl. Dann ziehe dich eine Weile zurück. In der Stille, ungestört von anderen, kannst du deine ureigenen Entscheidungen am besten treffen.

3. Säubere regelmäßig deinen Staatsapparat!
   Auch ein Königreich muss hin und wieder gewartet werden. Nimm' Veränderungen wahr, schaue wie

ein Adler und sei stets wach wie ein wildes Tier im Wald. Alles, was nicht mehr passt, solltest du entlassen. Tue es in Dankbarkeit, Achtung und mit Liebe, dann bleibt nichts Ungutes zurück und du vermeidest Angriffe auf dein Reich und sinnlose Kriege.

4. Führe Verhandlungen nur auf Augenhöhe!
Achte bei wichtigen Verhandlungen unbedingt auf stetigen Blickkontakt mit deinem Verhandlungspartner. So vermeidest du ein Abrutschen in Machtgerangel. Bei dir selbst und dem Anderen! Wenn du einmal unsicher bist, hast du das Recht, die Verhandlung zu unterbrechen und erst dann weiterzuführen, wenn du dich wieder gesammelt hast. Du darfst das, denn du bist die Königin und besonnenes Handeln ist ein Zeichen von Stärke.

5. Löse dich nicht in den Geschichten Anderer auf!
Viele werden kommen, um dir ihre Geschichten zu erzählen, um letztendlich etwas zu bekommen. Sei weise und bleibe stets bei dir, nur so kannst du dir ein reales Bild machen. Mitgefühl ist in Ordnung, solange du dich nicht vollständig in der Geschichte der anderen Person verlierst. Höre einfach zu, ohne zu urteilen. Mehr musst du nicht leisten, denn jeder ist für sein Schicksal selbst verantwortlich. Wenn du helfen möchtest, dann leiste Starthilfe, aber lasse dem Anderen seine Eigenverantwortung.

6. Mache dich niemals abhängig!
Überprüfe regelmäßig, ob es einen Menschen gibt, den du als unentbehrlich empfindest und ohne den du dich unsicher fühlst. Wenn es so jemanden gibt, dann wird es Zeit zu handeln. Lerne selbst, was dieser Mensch so gut kann oder lerne es auf neutrale Art, ohne Emotion zu organisieren.
Akzeptiert der betreffende Mensch diese Veränderung, schließe ihn als Freund in die Arme. Wenn nicht, dann lies' noch einmal über die Säuberung des Staatsapparates nach.
Sei in allen Dingen, die dein Reich betreffen, kompetent und behalte stets den Überblick.

7. Entwerfe einen Notfallplan!
Auch eine Königin kann einmal krank werden oder sie muss aus anderen Gründen für eine Weile ihr Reich alleine lassen. Sorge für diesen Fall vor und halte alles schriftlich fest. Niemand kennt das Reich und den Hofstaat so gut wie du. Überlege sorgfältig, wen du für welche Aufgaben einsetzt und sorge für die dazu gehörende Motivation. Überprüfe diesen Notfallplan mindestens einmal im Jahr darauf, ob alles noch stimmig ist. Ergänze, streiche weg oder entwerfe ganz neu, je nach Bedarf. Das Leben ist in ständiger Veränderung.

8. *Sorge für Lebendigkeit!*
In einem Königreich gelten natürlich gewisse Gesetze, es gibt Rituale und Zeremonien. Überprüfe regelmäßig, welche davon alt, verstaubt und nutzlos sind. Halte nicht an Traditionen fest, nur weil es immer so war. Beobachte deinen Hofstaat. Was befolgen sie gerne und mit Freude? Welchen Ritualen gehen sie widerwillig nach? Hier kannst du ansetzen. Belebe entweder diese alten Rituale mit frischem Wind und Freude oder streiche sie einfach. Ein Königreich kann nur wachsen, wenn es lebendig bleibt.

9. *Bestimme deine Mode selbst!*
Lass dich niemals von Glanzmagazinen aus anderen Königreichen verwirren.
Mode ist so vergänglich wie alles andere auch. Gehe nach deinem Wohlgefühl, nicht nach lächerlichen Trends, die für Menschen ohne Selbstwert und Selbstwahrnehmung gemacht werden. Nehme nicht teil an Maskenbällen, sie verschleiern nur die Wahrheit. Eine gute Königin erkennt man nicht an der Kleidung, sondern an ihrer Präsenz, ihrer ruhenden Weisheit und Wachsamkeit. Man erkennt sie vor allem an der Liebe, die sie über ihr ganzes Reich hinweg ausstrahlt.

10. *Regiere alleine oder wähle einen guten König!*
Sei auf der Hut vor romantischen Prinzen auf weißen Pferden. Sie sind meist unreif und wollen

> *dich und dein Reich besitzen. Wähle einen guten König, der deiner würdig ist, mit einem eigenen blühenden Reich. Ein König, der auch ohne dich schon glücklich und zufrieden war, genauso wie du auch ohne ihn bisher glücklich und zufrieden dein Reich regiertest. Behaltet Eure eigenen Zepter, Reiche und Zuständigkeitsbereiche. Wähle diesen König möglichst erst dann, wenn du alle anderen Punkte fest in dir integriert und gelebt hast.*

Paula starrt diese Worte lange an, liest sie wieder und wieder und fragt sich, was sie zu bedeuten haben. Dann fällt ihr wieder ein, was Lukas gesagt hatte: Sie soll es speichern und erst morgen wieder lesen. Paula fährt jetzt also brav den Computer herunter. Sie kennt Lukas und weiß, dass seine Anweisungen immer einen Sinn ergeben.

Am nächsten Morgen läuft Paula mit dem Hund durch den Park, ein frisch gedrucktes Blatt Papier mit dem gestern Geschriebenen in der Jackentasche. Heute hat sie Sehnsucht nach ihrem ganz persönlichen, kleinen Kraftplatz am Rande des Parks und wandert dorthin. Fünf große Platanen stehen auf einer Halbinsel, an der ein Bach entlang fließt. Die Platanen sind angeordnet wie die Fünf auf einem Würfel. Zwischen den beiden Zweiergruppen steht jeweils eine kleine Steinbank. Während Mr. Darcy im Gras liegt, lehnt Paula mit geschlossenen Augen am mittleren Baum, denn hier ist die Energie am intensivsten. Die warme Herbstsonne scheint ihr ins Gesicht und sie entspannt sich, fühlt das Leben, die Naturwesen, die

Baumgeister, die Erde, das ganze Universum. So aufgeladen, setzt Paula sich auf eine der Steinbänke, holt den bewussten Zettel aus der Tasche und liest Punkt für Punkt erneut durch. Wie so oft nach dieser Form des Schreibens wundert sie sich darüber, dass sie es selbst geschrieben haben soll, und lächelt still vor sich hin. Ihre Welt ist voller Wunder, wie trist dagegen war doch das Leben vorher. Sie spürt, dass Lukas anwesend ist, sieht ihn mit dem inneren Auge auf der Bank gegenübersitzen.

„Na?", fragt Paula ihn. „Möchtest du die zehn Punkte gemeinsam mit mir durchgehen?"

„Deshalb bin ich dir an diesen schönen Ort gefolgt", antwortet er. „Ja, wir gehen es gemeinsam durch. Beginnen wir mit den Punkten eins und zwei. Wie siehst du dich da?"

Paula denkt kurz nach. „Beide Punkte habe ich in den letzten Jahren gelernt, denke ich. Harte Schule, aber es ist geglückt. Mein Zepter habe ich bei mir behalten, so schwer es oft auch war. Und ich lernte die Stille zu lieben und auch die inneren Entscheidungen, die darin geboren wurden."

„Ja", sagt Lukas. „Damit bin ich so einverstanden. Und bei Punkt drei hast du auch viel gelernt. Dein Umfeld ist energetisch sauber. Du bist im Frieden mit dir und den Menschen dort aus dem Süden zurückgekehrt, hast nun Platz für Neues, sei es in puncto Menschen, wie auch in allen anderen Situationen. Bei Punkt Vier wackelt es noch. Oder?"

„Ja, Lukas, das kann ich nicht leugnen. Ich lasse mich immer noch schnell verunsichern. Vor allem von sehr dominanten Menschen und auf allen möglichen Ämtern. Verhandlungen sind nicht meine Stärke, aber ich bessere mich. Versprochen!"

Lukas rät ihr daraufhin: „Gehe künftig besonders bewusst

und gut vorbereitet in solche Situationen, dann wirst du sie bestehen. Jetzt lies bitte Punkt Fünf vor!"

Paula liest und sagt zuversichtlich: „Früher habe ich mich extrem in Anderen und ihren Geschichten aufgelöst. Jetzt bleibe ich schön bei mir. Das durfte ich inzwischen einige Male erfolgreich üben. Es ist ein tolles Gefühl und ich bin nach Kontakten mit bedürftigen Geschichtenerzählern nicht mehr so müde."

Paula lacht fröhlich, sie meint es nicht böse oder arrogant. Schließlich weiß sie doch selbst, wie schnell man aus seiner Not oder Einsamkeit heraus übergriffig werden und einen anderen Menschen mit seinem Drama überschütten kann.

Lukas ist sehr zufrieden. Er kommt auf Punkt sechs zu sprechen. „Die emotionalen und auch rationalen Abhängigkeiten, die sich während deiner Zeit am Ammersee noch einmal besonders schlimm zeigten, indem sie dich in Resignation und ein Gefühl von *Ausgeliefert sein* führten, durften erkannt werden. Du hast sie im letzten Jahr durchlichtet und erlöst. Und ich konnte mit Freude sehen, wie du einige praktische Dinge anpacktest, die du dir vorher selbst nie zugetraut hättest."

„Genau!", sagt Paula. „Ich habe immerhin zwei kleine Schränke alleine aufgebaut, obwohl die Anleitung in Chinesisch geschrieben war." Lukas lacht und fährt dann fort: „Weiterhin bist du über deinen Schatten gesprungen und hast bei einigen handwerklichen Arbeiten, die du selbst nicht bewerkstelligen konntest, eine neutrale Person um Hilfe gebeten. Ohne Verstrickungen."

Nun bittet er Paula, Punkt sieben vorzulesen. Als sie fertig ist, lobt er: „In diesem Punkt verhältst du dich seit deiner

Rückkehr sehr vorbildlich. Alles ist geordnet für den Fall, dass dir einmal etwas zustoßen sollte. Das Testament, deine gut geordneten Unterlagen, alles in Ordnung. Deine Familie weiß über diese Dinge Bescheid und ihr redet regelmäßig über eventuelle Notfälle."

Paula nickt, ebenfalls zufrieden mit sich selbst.

„Jetzt muss ich nur noch wieder für Lebendigkeit sorgen, wie in Punkt Acht. Da gibt es noch einiges zu tun, das habe ich alles vernachlässigt, sogar abgespalten", sagt sie. „Ich denke nur an Weihnachten, an Geburtstage, an die gähnende Langeweile und Unlust. Früher habe ich mit Freunden gefeiert, aber heute sind ja kaum noch welche da oder sie leben weit weg. Andererseits überfordert es mich auch, in meiner Wohnung viele Menschen auf einmal zu empfangen. Obwohl ... wenn es die Richtigen sind, die, die passen, mag es ja anders sein. Ich werde darüber noch einmal intensiv nachdenken, Lukas. O. K.?"

„Ja, das schaffst du locker. Es ist nichts Dramatisches mehr dazu nötig", tröstet er. „Punkt Neun ist auch in Ordnung. Du gehst längst weitaus mehr nach deinem Wohlbefinden, als nach Modetrends und stehst dazu. Außer bei diesem kleinen Abrutscher nach deiner Rückkehr, in Form von blonden Haarsträhnchen." Lukas lacht herzlich.

„Hör' bloß damit auf, das blondierte Stroh bin ich glücklicherweise dank Jasmin wieder los. Auch wenn meine schönen langen Haare nun wieder einmal dahin sind. Aber sie wachsen ja nach." Paula fährt sich belustigt durch die halblange, meistens verwuschelte Mähne.

„Bleibt Punkt zehn", sagt Lukas. „Was meinst du dazu?"

„Tja ...", seufzt Paula. „So richtig Ahnung habe ich nicht. Auf jeden Fall finde ich es wichtig, dass der Mann ein eigenes Leben und damit ein eigenes Reich hat. Das wünsche ich mir schließlich selbst auch. Ich habe keine Lust und keine Nerven mehr, gleich mit jemandem zusammenzuwohnen und zu wirtschaften, ohne ihn richtig zu kennen. Das bedeutet wieder Anpassung und Kompromisse. Dafür bin ich wohl zu alt oder eher zu weise."

Paula grinst über sich selbst. „Alles andere lasse ich aber offen. So, basta!"

Lukas sagt: „Hui, was für ein energisches Statement! Gut so!"

Paula ignoriert das und ergänzt ihre Ausführungen: „Also, wenn du mir unbedingt einen Mann schicken willst, dann zur Abwechslung bitte einen aus meiner Stadt und mit eigener Wohnung. Das ist nicht so anstrengend wie eine Fernbeziehung, bei der man sich über einen längeren Zeitraum so konzentriert sieht und dann wieder gar nicht. Oder? Ist auch das nur wieder ein festgefahrenes Glaubensmuster und Konzept? Ist es denn nicht völlig egal, sofern echte Liebe da ist? Also, ich lege mich dann doch nicht fest, alles wird schon richtig sein, so wie es dann ist."

„Geht klar, Bestellung aufgenommen!", sagt Lukas nur darauf und frohlockt heimlich. Er erkennt, Paula wird offener, klarer, auch wenn sie gerade etwas verwirrt über die Details sinniert. Ihre einstige *Liste* hat sie zumindest vergessen und das ist gut so. Sie vertraut endlich, dass das Richtige passiert. Sie weiß: Alles, was geschieht hat sie selbst ausgelöst und nur sie selbst ist für das Ergebnis verantwortlich.

Lukas verabschiedet sich, nicht ohne Paula einen Ratschlag auf den Weg zu geben: „Gut, dann haben wir alle Punkte abgeschlossen. Ich möchte dich noch einmal deutlich daran erinnern, dass alles, was dir begegnet deine eigene Resonanz ist und nun wirst du dies auch noch bewusster wahrnehmen. Das schafft Leichtigkeit und schützt vor neuen Verstrickungen und Anhaftungen. Prüfe und hinterfrage dich ständig, tue das in Ruhe und allein. Reflektiere wirklich alles, dann wird es zur Gewohnheit wie Atmen und damit vollkommen normal und selbstverständlich."

„Klingt anstrengend, aber logisch", sagt Paula nachdenklich. „Ja, da lasse ich mich ein, ich achte darauf. Und wenn sich im Außen etwas zeigt, was mir nicht gefällt, dann schaue ich in mein eigenes Energiefeld und bewerfe nicht den Spiegel. Aber abgrenzen werde ich mich in ungüten Situationen, soviel steht fest. Ich werde sie nicht mehr aushalten und resignieren, sondern herausgehen und mich selbst reflektieren. Bist du damit zufrieden, Lukas?"

„Absolut. Ich bin immer für dich da, werde dich erinnern und unterstützen, wenn es Unklarheiten geben sollte. Jetzt solltest du aber nach Hause gehen, es ist recht kühl und ich möchte dich vor einer Erkältung schützen."

„Spaßvogel!", erwidert Paula grinsend. „Aber danke für deine Hilfe, für dieses Besprechen. Dadurch ist das alles noch tiefer in mich eingesunken, das spüre ich. Ab heute will ich eine gute Königin sein und alle Punkte wirklich bewusst leben. Dann kann es ja auch nur so sein, dass ich eines Tages einen König anziehe. Oh Lukas, ist das hier in Wirklichkeit nur ein großer kosmischer Witz oder die Realität? Bin ich verrückt?"

Lukas erklärt mit energischen Unterton: „Woher soll ich das wissen? Stehe jetzt endlich von der kalten Bank auf, sonst bekommst du eine Unterkühlung und dann klappt das nie mit dem Mann."

Paula springt auf und lacht so laut, dass ein Spaziergänger irritiert zu ihr hinschaut. Sie wünscht ihm einen guten Morgen und sagt: „Der Hund macht immer Faxen."

Mr. Darcy, der ja nur still und friedlich im Gras gelegen hatte, schaut säuerlich. Immer muss er herhalten, damit Paula von den anderen Menschen nicht für verrückt erklärt wird, wenn sie draußen scheinbare Selbstgespräche führt. So trottet er nun beleidigt neben Paula her, die aber schnell seine Stimmung zu heben versucht, indem sie ihm für Zuhause ein extra Leckerli verspricht. Lukas streichelt noch einmal über Paulas Rücken und flüstert ihr zu: „Für morgen noch eine Hausaufgabe. Schreibe bitte zehn Punkte auf, was es für dich bedeutet authentisch zu sein."

Paula knurrt: „Nö, nicht schon wieder Punkte, das ist ja wie Psychotherapie. Soll ich auch aufschreiben, wo ich in fünf Jahren sein will und was auf meinem Grabstein stehen soll?"

Lukas antwortet streng: „Du machst das, danach kannst du wieder in Ruhe Gedichte oder Geschichten schreiben. Das Strukturierte ist jetzt wichtig! Amen!" Und fort ist er.

What a man!, denkt Paula darauf. *Ach nein, es muss ja heißen: What a soul! Ob er sich jetzt zurück nach Altair gebeamt hat?*

Paula fragt sich manchmal, wie das wohl sein mag, so frei zu sein, überall hin zu können, nur durch Geisteskraft. Sie muss heute noch Einkäufe schleppen. Zu Fuß. Und Hausaufgaben machen wie früher in der Schule.

„Mein Leben ist schön und aufregend!", singt sie leise vor sich hin. Was sie dabei amüsiert: Viele ihrer Bekannten und auch einige Freunde bedauern sie, finden Paulas Leben aus ihrer eigenen Sicht heraus langweilig und einsam. „Wenn die wüssten ...", lächelt sie. Ihr Innenleben ist schließlich ein gigantisches Universum, aber das kann sie anderen kaum erklären. Außer Karina natürlich, die fast genauso lebt und tickt wie Paula selbst. Und mit dieser bespricht sie nun telefonisch ihr eben Erlebtes, während sie frühstücken. Es ist fast genauso, als säßen sie nebeneinander auf dem Sofa. Jede schlürft besonders geräuschvoll ihren Kaffee, das schafft Nähe und tut wieder einmal so gut.

Die authentische Hausaufgabe

Zufrieden sitzt Paula am nächsten Tag vor dem Laptop und denkt darüber nach, was sie selbst als ein authentisches Leben bezeichnen würde. Zuerst schreibt sie frei nach ihrem Gedankenverlauf Stichpunkte auf, dann wird es geordneter. Schon nach kurzer Zeit macht es Paula dann doch richtig Spaß. Immer rascher formen sich Sätze, die Klarheit schenken und auch das bereits Gelernte noch einmal in der Essenz strukturieren. Das Endergebnis – welches sogar vierzehn Punkte, statt der von Lukas geforderten Zehn enthält – schickt sie zuerst an Karina und eine andere Freundin. Beide sind begeistert und sogar motiviert, es sich selbst zu Herzen zu nehmen.

Daraufhin setzt sie es in ihren Blog und die Resonanz ist auch dort gut.

Was es für mich bedeutet, authentisch zu sein

1. Wenn der Innere Darsteller mit all seinen Masken gestorben und begraben ist und ich mich nicht mehr mit dem aufwerte, was ich tue oder nicht tue, aber dennoch handlungsfähig und stolz meinen Weg des Tuns gehe.

2. Wenn ich in jedem Moment so sein kann, wie ich gerade bin, bzw. wenn ich mir jedes Recht dazu nehme und es einfach bin.

3. Wenn alle esoterischen Floskeln erkannt und liebevoll belächelt wurden, jedoch die Weisheit der Wahrheit still in mir ruht und sich nur artikuliert, wenn tiefgehende Impulse dazu animieren.

4. Wenn ich alle meine alten Baustellen im Außen behoben und innerlich mit mir selbst und den betreffenden Personen zu meiner Zufriedenheit geklärt habe.

5. Wenn ich loslassen kann, was mich in meiner Entwicklung bremst.

6. Wenn ich in Achtsamkeit bereit bin, andere zu verletzen, um mich nicht selbst zu verlieren.

7. Wenn ich in der Liebe verbindlich sein kann, aber meine Freiheit dennoch behalte.

8. Wenn ich es schaffe mein Ego genauso zu lieben und anzuerkennen wie mein Höheres Selbst.

9. Wenn die winzigste Lüge, sei sie auch noch so lächerlich, mir Unwohlsein bereitet und ich sie aufklären möchte.

10. Wenn ich die Polarität, den Schatten und damit mein Leben hier auf der Erde in allen Facetten, auch mit Wut und Trauer annehme und es als große Entwicklungschance bejahen kann.

11. Wenn ich mir erlaube, Alles zu sein: Heilige, Kali, Bettlerin, Königin, Frau, Mann, Kind ...

12. Wenn Klarheit und Offenheit normal und selbstverständlich sind, in jedem Bereich, egal was das Umfeld denkt oder sagt.

13. Wenn ich aus tiefstem Herzen Ja sagen kann, aber auch gleichberechtigt und mit aller Konsequenz Nein. Wenn dies nicht statisch bleiben muss, sondern immer für den jeweiligen Moment neu entschieden werden darf. Dann ist ein unsicheres und unverbindliches Jein nicht mehr relevant.

14. Wenn ich für alles, was ich denke, sage und tue die volle Verantwortung übernehme.

Sie liest es, klatscht in die Hände und ist begeistert von ihrem Werk.

„Lukas!", ruft Paula. „Ich bin fertig. Bekomme ich jetzt ein Lob?"

Lukas ist längst da und lächelt über Paulas kindliche Freude.

„Ja, das sollst du haben. Ein ganz dickes Lob", antwortet er. „Du hast damit nicht nur dir selbst geholfen, sondern allen, die es lesen und sich dann Gedanken darüber machen. Es ist eine deiner Aufgaben, die Dinge ins Bewusstsein zu holen, so auszuformulieren, dass die Essenz eines Themas hervorsticht und in der Tiefe berührt. Nur Unklares und Unbewusstes kann schaden. Alles, was ins Bewusstsein gehoben wird, darf erkannt, integriert, geliebt und manchmal auch losgelassen werden. Das, liebe Paula, ist deine Stärke. Du lebst es selbst auf so disziplinierte Art und in großer Intensität, um es dann weiter zu vermitteln, Anregungen zu geben."

Paula ist ganz still, ihr ist feierlich zumute. „Danke Lukas, das hast du schön beschrieben. Ja, das wünsche ich mir von Herzen, auf so eine Weise dienen zu dürfen. Dann hat mein langer Weg einen tieferen Sinn und ich kann ihn voll und ganz annehmen und vielleicht sogar lieben."

Lukas streichelt Paulas Arm, sodass sich alle ihre Härchen aufstellen. Er sagt ein wenig traurig: „Es wird Zeit, dass dich eine lebendige Hand streichelt, du brauchst Berührung aus deiner Welt, nicht nur aus dem Geistigen."

Paula spürt ihre Sehnsucht, Tränen steigen auf, aber nein … es geht nicht, noch nicht. Die Angst vor neuen Verletzungen ist so groß. „Ich weiß, wie lieb du es meinst Lukas. Aber ich schaffe es noch nicht. Hab ein wenig Geduld mit mir, ja?"

„Natürlich, ich lasse dir soviel Zeit wie du brauchst. Deine

Seele signalisiert mir den richtigen Zeitpunkt und dann kannst du auch deine Ängste überwinden, dann wird alles stimmig sein. Vertraue mir! Auf jeden Fall hast du wunderbar formuliert, was du als authentisch empfindest und das zeigt mir, dass du dich nie wieder so verlieren kannst wie früher. Es geht niemals rückwärts in die alte Energie. Das ist ein verlässliches kosmisches Gesetz und gilt auch für Erdenbewohner. Was wirklich einmal gelernt und integriert ist, kann im Außen nur Resonanz zeigen und Neues anziehen. Etwas, was du bisher so noch nicht kanntest. Was dein Verstand nicht in alte Schubladen ablegen kann, weil es unbekannt ist. Bitte vertraue, meine Paula, das ist der einzige Weg."

Paula bleibt allein zurück, fühlt eine Art Abschied in sich, tiefe Traurigkeit, Sehnsucht, aber auch ein wenig Hoffnung. Nach einem ausgiebigen Spaziergang mit Mr. Darcy, setzt sie sich mit einer Tasse Tee an den Laptop und verarbeitet diese Gefühle wie so oft in einem Gedicht.

Endzeit

Einst ergoss sich aus der Quelle
ein Fluss, sein Streben ging zum Meer,
und aufgefüllt mit Salz der Erde,
gab dies' so vieles nicht mehr her.

Jetzt kam die Zeit, zurückzufließen,
zur Quelle, dort wo es begann.
Nur hier ist Wahrheit, Kraft und Leben,
Erkenntnis, die erschaffen kann.

Fernab wohl im Palast der Tränen
sitzt leer die Königin auf einem Thron.
In ihrem eigenen Tränen-Reich,
ist tränenlos sie wie zum Hohn.

Jedoch verlässt sie den Palast,
sieht sie die Welt der Wirklichkeit.
Und dieser Anblick schmerzt so tief,
ihr Tränenmeer ertränkt die Zeit.

Still ist es nun, verfloss'ne Ewigkeit,
und Tränen fanden ihren Sinn.
Die Dunkelheit fließt hin zum Licht,
was so ein Ende fand, führt zum Beginn.

Resonanzen

Rückblick

Ein endlos scheinender Winter geht langsam zu Ende, die riesigen Eiszapfen und der Schnee schmelzen in diesem Jahr langsam, das dauerhafte Grau weicht ab und an der Sonne.

Es ist März 2013 und Paula wacht nur langsam aus ihrem Winterschlaf auf, im Grunde zufrieden mit sich und der friedvollen Stille in ihrem Herzen.

In den letzten Monaten gab es längere Zeiträume ohne Zweifel und Hader mit ihrer Isolation und dem Alleinsein. Sie konnte es sogar mehr denn je genießen. Gemütliche Abende bei Kerzenschein, mit ihren bunten Wollknäueln, neuen kreativen Ideen und einer merkwürdigen Vorfreude im Bauch, nahmen dem Winter die ungemütliche Kälte. Paula befand sich immer öfter in einer feierlichen Stimmung ohne Anlass alles ruhte, auch die geistige Arbeit lief nur auf Sparflamme. Lukas erschien oft wie gewohnt von sich aus in liebender Präsenz und wärmte Paulas Herz, aber er sprach nicht mit ihr. Sie genoss es, ihn einfach nur zu spüren.

Doch eines Tages wacht Paula aus ihrer Halbtrance auf, denn eine Fernsehsendung über Hospizarbeit beschert ihr

Gänsehaut und entfacht ein neues und doch bekanntes Feuer in ihr. Ist es nicht genau das, was sie schon immer wollte? Ihre Fähigkeiten, ihre Liebe und ihr Mitgefühl dort einzubringen, wo der Tod täglich präsent ist? Berührungsängste spürt sie nicht, denn diese Welt war ihr vertraut. Wie oft hatte sie bereits über eine ehrenamtliche Tätigkeit nachgedacht und es dann aufgrund verschiedener Existenzängste wieder verworfen. Paula ruft bei dem Hospizverein ihrer Stadt an. Bereits während des Telefonats mit der Koordinatorin des Vereins spürt sie, dass sie dieses Mal richtig liegt. Die Chemie zwischen den beiden Frauen stimmt. Und bei einem persönlichen Treffen mit der Koordinatorin des Vereins einige Tage später, bestätigt es sich ein weiteres Mal.

Der einzige Wermutstropfen in der nun großen Freude auf neue Aufgaben ist der Aspekt, dass erst wieder im Herbst diesen Jahres eine Ausbildung für ehrenamtliche Sterbe- und Trauerbegleiter beginnen würde. Ohne diese Ausbildung darf Paula noch nicht anfangen, was sie natürlich verstehen kann. Trotz des langen Zeitfensters bleibt Paulas gute Stimmung bestehen. Wer weiß, was in der Zwischenzeit noch alles vorgesehen sein mag. Das Gefühl von Veränderung und Neuanfang wird immer stärker, manchmal kribbelt es vor freudiger Ungeduld in ihr. Dann läuft sie im Stechschritt um einen der nahen Seen, um diese Energie vernünftig zu kanalisieren.

Ansonsten bleibt es ruhig in Paulas Leben, während zwei ihrer Freundinnen, die wie auch sie als Single leben, ständig Dates mit diversen Männern haben und die jeweiligen Erlebnisse aufgeregt berichten. Paula genießt es regelrecht, nur zuzuhören, aber selbst nicht involviert zu sein. Sie schüttelt sich bei dem Gedanken an den Stress, wieder wie früher auf die Suche zu gehen. Nein danke, so nicht!

Verknüpfungen

Sternentor 1-3-7 auf Altair

Lukas spricht erneut bei dem Großen Rat vor. Paulas Seele sendete in letzter Zeit eindeutige Signale der Bereitschaft für die Begegnung mit dem von Lukas angedachten Mann. Ihr angstvoller Verstand blockiert allerdings noch immer massiv.

Doch die Zeit ist reif, das spürt Lukas deutlich. Der Rat stimmt diesmal zu und gibt Lukas die Erlaubnis, das Zusammentreffen der beiden zu initiieren.

Lukas freut sich, ist aber auch aufgeregt. Alles muss im kleinsten Detail stimmen. Und die Art und Weise sollte so besonders sein, dass Paula alle Zweifel und Ängste verliert. Was nach dem ersten Kontakt geschehen wird, kann Lukas kaum noch steuern, zu sehr greift dann der freie Wille der beiden Menschen. Aber Lukas weiß um die Kraft der Seelenstimme. Er vertraut auf ihre Stärke, ihren Magnetismus, das tiefe Erkennen von verwandten Seelen. Und das waren sie: Alte verwandte Seelen. Beide vom gleichen Stern, von Altair. Beide gleich im Bewusstseinsgrad und der seelischen Entwicklung. Nur ihr irdisches Leben ist zurzeit so unterschiedlich, wie es nur sein kann, sodass Lukas ernsthafte Bedenken bekommt. Aber der Rat beruhigt ihn, besonders sein Freund Amandar.

Dieser antwortet in seiner so ureigenen Weisheit auf Lukas'

Zweifel: „Was sich magnetisch anzieht, darf verschmelzen. Zwei Pole, manchmal Anziehung, manchmal Abstoßung. Verschiedene Zyklen, aber doch eins im Herzen. Was verschmilzt, sind die Herzen, alles andere gleicht sich an, ergänzt sich im Wechsel von Anziehung und Abstoßung. Was sich angleicht und ergänzt, kann sich selbst im anderen sehen. Und diesen anderen so sein lassen wie er ist, genau wie sich selbst. Was vielleicht wie ein Paradox klingt, ist das Leben. Alles was es braucht ist ein wenig Zeit für diese Zyklen, lieber Freund."

Lukas ist tief berührt von Amandars Worten, aber er kennt auch seine Paula. So murmelt er: „Paula wird mich umbringen, sobald es in ihren Augen Probleme gibt. Und die wird es geben, weil nicht das geschehen wird, was ihrer Vorstellung nach einer spirituellen Partner-Beziehung zwischen Mann und Frau entspricht."

Amandar und die anderen Ratsmitglieder müssen herzlich lachen.

„Kein Problem, lieber Lukas, sie kann dich gar nicht umbringen, denn du bist längst tot", scherzt Amandar.

Und so begibt Lukas sich an seinen Platz im Großraumbüro, um die Wege des schicksalhaften Treffens zu koordinieren und einzuleiten. Er hat eine grandiose Idee, wie er Paula ein eindeutiges Zeichen senden kann. So wird sie gleich erkennen, dass er seine lichtdurchwebten Finger im Spiel hat. Konzentriert macht er sich nun an die Arbeit.

Alexander

Leise und fröhlich vor sich hin singend steht Paula am Morgen des 10. April vor dem Spiegel und stylt ihre Haare. Heute wird ein guter Tag. In einer Stunde fährt sie mit dem Zug zu ihrer langjährigen Freundin Julia, mit der sie im letzten Jahr gemeinsam das Udo-Lindenberg-Musical besucht hatte. Die Verabredung für den heutigen Tag hatten sie schon lange verabredet. Ein richtiger Mädeltag soll es werden und Julia möchte Paula unbedingt alle ihre männlichen Internetbekanntschaften aus einem Partnerportal zeigen. Besonders leckeres Essen wird es garantiert auch geben, dafür war Julia bekannt.

An diesem heutigen Tag wäre der 21. Hochzeitstag von Lukas und ihr gewesen.

Jedes Jahr an diesem Tag befand sie sich in einer Art heiliger Stimmung, dieses Jahr allerdings ohne die einstige Wehmut. Irgendetwas kribbelt und krabbelt in ihr auf sehr kindlich fröhliche Art.

Der Zug geht um 10.00 Uhr. Paula packt schnell noch ein kleines Geschenk für Julia in ihre Tasche und schließt das Fenster. Dann leint sie Mr. Darcy an, um ihn in die Obhut ihrer Mutter zu bringen.

Kaum sind sie dort angekommen, trottet dieser ins Wohnzimmer, lässt sich auf seinen Lieblingsteppich fallen und schläft sofort ein. Paula und ihre Mutter beobachten dies lächelnd. Der Teppich hat exakt die gleiche Farbe wie das Fell von Mr. Darcy und daher sieht er darauf aus wie ein Chamäleon. Paula streichelt ihn noch einmal kurz und übergibt ihrer Mutter noch seine Futterration für den Tag.

„Danke!", sagt diese. „Grüß Julia bitte ganz lieb und macht euch einen schönen Tag!" Paulas Mutter kennt Julia bereits seit der Teeniezeit ihrer Tochter und mag sie sehr.

„Geht klar!", verspricht Paula. „Und pass du gut auf mein Schätzchen auf!"

Bald darauf ist Paula am Bahnhof. Während sie auf die Ankunft des Zuges wartet, genießt sie das Treiben auf dem Bahnhof und macht, was sie am liebsten tut: Sie beobachtet die Menschen, die sich verabschieden, begrüßen oder einen Kaffee im Stehen trinken. Die Fahrt zu Julia dauert nur eine halbe Stunde, aber Paula hat das Gefühl, in den Urlaub zu fahren und sie schaut verträumt auf die vorüberfliegende Landschaft. Bei ihrer Ankunft steht Julia schon am Bahnhof, lässt Paula dann in ihr Auto steigen.

„Was hältst du von einer kleinen nostalgischen Rundfahrt über die Dörfer?", fragt Julia, bevor sie vom Parkplatz des kleinen Bahnhofs fährt.

„Ja, gerne!", jubelt Paula. „Wie in alten Zeiten! Weißt du noch, wie wir mit deinem Trabant immer ganz stolz umhergefahren sind?"

Julia lacht zustimmend und fährt zielstrebig weiter, biegt dann in eine Nebenstraße und hält kurz vor einer alten Scheune, die ziemlich verfallen ist. In ihrer gemeinsamen Jugendzeit waren sie in dieser, damals noch intakten Scheune oft zum Tanzen gewesen. Gackernd wie früher mit sechzehn schwelgen die beiden Frauen in alten Erinnerungen. „Weißt du noch, wie wir auf die Toilette geflüchtet sind, als dieser betrunkene Typ unbedingt mit dir tanzen wollte?", kichert Paula.

„Höre bloß auf!", seufzt Julia. „Vor dem hatte ich richtig

Angst, der war bekannt für seine Aggressionen, wenn er etwas getrunken hatte."

„Ich glaube, wir hockten fast eine Stunde in dieser kalten und ekelhaften Toilette, bis wir uns wieder in den Saal getraut haben. Gott sei Dank war er dann weg", ergänzt Paula Julias Ausführungen. Sie streichelt ihrer Freundin liebevoll über die Hand. „Es tut so gut, dass wir mal wieder beisammen sind."

Kurze Zeit später halten sie vor Julias Zuhause. Dort fühlt Paula sich wohl, alles ist fast noch wie früher. Der große Garten, das Haus ihrer Eltern, all das schenkt Paula ein Gefühl wohliger Geborgenheit. Sie selbst war schon so oft umgezogen, hatte nach Trennungen immer wieder bei Null angefangen. Dagegen war dies hier ein vertrauter Ort, fast so wie früher bei ihren Großeltern. Ein Ort, ohne das Gefühl von Zeit und ständiger Veränderung.

Sie betreten das Haus und Julias Mutter kommt aus der Küche, um sie herzlich zu begrüßen. Dann geht es die Treppe hinauf. In der oberen Etage hat Julia ihre eigene Wohnung. Küche, Bad und zwei große Zimmer. Im Wohnzimmer befinden sich noch die alten Holzmöbel von früher und ein gemütliches Sofa. In der großen Küche, die Julia sehr modern eingerichtet hat, sitzen die beiden Frauen dann bei dem schon vorbereiteten, inzwischen aufgewärmten Essen, genießen es, erzählen und lachen viel.

Natürlich geht es auch darum, dass Julia sich wieder für eine Beziehung mit einem Mann öffnen möchte. Sie war schon so viele Jahre alleine und hatte aufgrund einer langen Erkrankung, die durch einen angeborenen genetischen Defekt sehr schwerwiegend war, bisher nie das Bedürfnis nach einer neuen

Partnerschaft geäußert. Doch jetzt ging es ihr besser und so meldete sie sich in einer Partner-Vermittlungsagentur im Internet an.

Nach dem Essen lässt Julia den PC hochfahren. Sie zappelt nervös hin und her und kann es kaum erwarten, Paula ihre männlichen Errungenschaften zu zeigen, die Nachrichten und natürlich die Fotos dazu. Julia erzählt und erblüht dabei wie ein Teenager vor dem ersten Date. Paula freut sich sehr für ihre Freundin, endlich wirkt sie wieder jung und weniger ernst als bei der letzten Begegnung.

Julia zeigt ihr zuerst mit welchen Männern sie bereits telefoniert oder sich getroffen hatte. Früher wäre Paula mit voller Begeisterung dabei gewesen, aber nun schaut sie sich sämtliche Fotos vollkommen emotionslos an und denkt: „Bin ich so abgestumpft? Da weckt ja niemand auch nur ein bisschen Interesse in mir. Ich bin richtig verkühlt. Egal, ich freue mich einfach über Julias neue Lebendigkeit, sie hat es verdient."

Julia möchte ihr nun einige Männer zeigen, mit denen sie bisher nur Briefe oder Mails gewechselt hatte. Beim letzten dieser Fotos wacht Paulas Interesse plötzlich auf.

„Wer ist das?", fragt sie Julia so energisch, dass diese erschreckt.

„Das ist bisher der einzige Mann, der überhaupt eine vernünftige Aura hat", fügt Paula hinzu und hält sich dann den Mund zu, weil ihre Freundin plötzlich grimmig daher schaut.

„Ups, sorry", nuschelt Paula kleinlaut. Julia entspannt sich wieder und antwortet: „Wenn du in der letzten Zeit nicht so abweisend und männerfeindlich gewesen wärst, hätte ich dir diesen Mann längst vorgestellt. Er heißt Alexander, kommt wie du aus Schwerin und ist sogar spirituell. Immer wenn ich mich mit ihm schrieb, musste ich an dich denken. Lies mal seinen Profiltext."

Paula liest, sogar drei Mal. „Oh!", sagt sie entzückt. „Das klingt ja wirklich ... also ... ich glaube, du solltest ihn mir mal vorstellen."

Julia amüsiert sich köstlich über Paulas plötzliche Begeisterung. Sie schreibt nun in genau dieser jugendlichen Energie folgende Mail an Alexander: „Lieber Alexander! Neben mir sitzt meine beste Freundin Paula und sie findet dich sehr sympathisch. Sie kommt auch aus Schwerin. Vielleicht solltest du einmal mit ihr Kaffee trinken gehen, dann brauche ich nicht extra aus meiner *Provinz* anreisen. Damit du einen ersten Eindruck von Paula bekommst, hier ist ihre Homepage, natürlich mit einem Foto von ihr. Liebe Grüße Julia."

Julia fügt noch den Link von Paulas Homepage ein und drückt schnell auf *Senden*, bevor Paula es sich doch noch anders überlegen würde.

„Er schreibt bestimmt nicht", mault Paula kleinlaut. „Er denkt wahrscheinlich, wir sind alberne, dumme Weibchen."

„Abwarten!", antwortet Julia gelassen und lacht. „Heute ist dein Hochzeitstag. Bestimmt hat Lukas da seine Finger im Spiel. Ich fühle das richtig. Das hat was zu bedeuten. Glaube mir Paula, du kennst meinen siebten Sinn!"

Paula seufzt und ahnt, dass ihre Freundin richtig liegt.

Am frühen Nachmittag gehen die beiden Frauen spazieren. Wieder zurück trinken sie Kaffee und essen Julias selbstgebackenen Kuchen. Dabei sehen sich einen uralten, sehr emotionalen Film an und schon bald muss Paula wieder zum Bahnhof, denn um 18.00 Uhr fährt ihr Zug.

Nach einer herzlichen Verabschiedung sitzt Paula lächelnd und entspannt im Zug. Der Tag war so schön gewesen, so lebendig. Ein Treffen mit der Freundin tut ihr einfach gut. Als der Zug bald darauf in den heimatlichen Bahnhof einfährt, piept ihr Handy. Julia schickte folgende SMS: „Er schreibt dir! Alexander schreibt dir!"

Nun doch ein wenig aufgeregt springt Paula in die Straßenbahn, holt Mr. Darcy bei ihrer Mutter ab und eilt nach Hause. Noch in Jacke und Schuhen fährt sie ihren Laptop hoch. Tatsächlich – eine Mail von Alexander.

Sie liest sie durch, staunt, liest noch einmal. Seine Zeilen hören sich wohltuend an und sind in offener Ehrlichkeit geschrieben. Nachdem Paula sich umgezogen und es sich bequem gemacht hat, ist ihre Antwort schnell geschrieben.

Schon bald fliegen die Mails hin und her, werden wärmer und auch intensiver. Dies wiederholt sich auch am nächsten Tag. Alexander hatte am Abend zuvor alle Gedichte und Geschichten in Paulas Blog gelesen und war davon begeistert. Dieses Interesse und das positive Feedback freut Paula sehr, denn bisher interessierte sich kaum ein Mann für ihre Leidenschaft am Schreiben.

Da Alexander terminlich sehr verplant ist, verabreden sie ihr erstes Treffen für die nächste Woche in einem italienischen Restaurant. Da sie es aber in der nun folgenden Zeit beide kaum aushalten vor Neugierde und die Mails immer intensiver werden, macht Alexander schließlich einen anderen Vorschlag. Er schreibt: „Meine Tochter wird morgen Nachmittag mit ihrer Band bei einem Auftritt im Einkaufscenter spielen. Dort bin ich dann als Zuhörer. Möchtest du nicht auch dazu kommen?

Es wäre vor dem Auftritt bestimmt noch Zeit für einen Kaffee. Am Abend fahre ich nämlich schon weg, eine Kurzreise mit meinem Chor. Also überlege es dir. Ich würde mich freuen!"

Musikalische Familie!, denkt Paula, als sie das liest. Dann schreibt sie zurück und stimmt seinem Vorschlag natürlich zu. Bis zur nächsten Woche warten, das wäre viel zu aufregend für ihr angespanntes Nervenkostüm gewesen. Während sie im Kopf krampfhaft ihre spärliche Garderobe für den nächsten Tag durchgeht, sieht sie plötzlich Lukas auf Mr. Darcys Hundekissen und sein Gesicht verrät ihr: Lukas frohlockt!

Begegnung

Nach einer unruhigen Nacht vergeht der Vormittag dieses Tages wie im Flug.

Paula weiß durch den vorherigen Mailwechsel, dass Alexander zurzeit nicht arbeitet. Als Erlebnispädagoge ist er oft mehrere Wochen in Camps mit Jugendlichen unterwegs und dann wieder eine Weile zu Hause. Deshalb hat Paula ihm bereits sehr früh eine *Guten-Morgen-Mail* geschickt. Und jetzt fliegen schon wieder kurze, aber intensive Mails ständig zwischen Paula und Alexander durch das Netz, verstärken auf beiden Seiten die Aufregung.

Endlich ist es soweit, Paula steigt in den Bus, fährt zum Einkaufscenter und läuft dann die paar Schritte bis zum Treffpunkt. Sie erkennt Alexander schon von weitem, er kommt auf sie zu. Als er vor ihr steht, sie begrüßt, verfliegt in ihr augenblicklich jegliches Gefühl der Vorfreude.

Er benimmt sich vollkommen kühl, eher distanziert, nichts deutet mehr auf die Wärme zwischen ihnen hin. Paula spürt genau: Alexander ist von ihrem Anblick total enttäuscht. In einer komischen Stimmung gehen sie zusammen einen Kaffee trinken, das Gespräch ist belanglos und weiterhin kühl. Traurig denkt Paula: *Seiner Reaktion nach zu urteilen, muss ich auf ihn wohl sehr abschreckend wirken. Aber vielleicht wird ja wenigstens Freundschaft daraus.*

Während des Konzertes tauen dann beide ein wenig auf und die Gespräche, die sie während der Pausen zwischen den Musikstücken führen, verlaufen etwas vertrauter. Beim Abschied fragt Alexander sie: „Wollen wir uns trotzdem noch wie geplant am nächsten Mittwoch beim Italiener treffen?"

Paula stimmt zu und geht nachdenklich nach Hause.

Dort stellt sie sich vor Lukas' Foto und sagt zynisch: „Was war das denn?!"

Als sie sich umdreht, sieht sie Lukas bereits auf dem Esstisch sitzen, er rollt mit den Augen als würde er ahnen, was jetzt auf ihn zukommt. „Bitte warte erst einmal was noch geschieht", beschwichtigt er Paula.

Doch diese winkt ab, zieht sich in sich selbst zurück und denkt nach. Wie sie wohl auf Alexander gewirkt haben muss, dass er so enttäuscht von ihr war. Was mag er gedacht haben? Wahrscheinlich ist er wieder ein neuer Spiegel für ihre Selbstablehnung, besonders was ihr Aussehen und ihren Körper betrifft.

„Gut", sagt sie laut. „Ich habe es kapiert. Danke. Ist das Thema jetzt erledigt?"

Sie bekommt keine Antwort, Lukas ist fort und sie bleibt

mit dem Echo ihrer Worte alleine. Am Abend und am folgenden Tag verbietet sie sich jeden Gedanken an Alexander. Zu groß ist die Angst vor der Enttäuschung, also will sie lieber keinerlei Gefühl für ihn aufkommen lassen.

Als sie gegen 22.00 Uhr im Bett liegt und liest, klingelt ihr Handy. Es ist Alexander, der, wie er sagt, mitten in einer Abendprobe seines Jazz-Chores sitzt. Paula fragt erstaunt, wieso er während der Probe telefonieren kann, aber Alexander erklärt ihr, dass es abends mehr lockerer Spaß als Probe ist. Die anderen Chormitglieder trinken zwischen den Liedern sogar Wein und er telefoniere eben.

Sie unterhalten sich eine Weile, und immer wenn der Chor ein neues Lied beginnt, nimmt Alexander sie über das Handy mit, sodass sie zuhören kann. Seine Stimme klingt wirklich toll. Nach fast einer Stunde Wechsel aus Gespräch und Musik ist die Probe beendet. Alexander fragt Paula, ob sie sich am morgigen Sonntagabend sehen können.

Paula wundert sich, stimmt aber zu und lädt ihn spontan zu sich nach Hause ein. Dann legen sie auf und Paula ist ziemlich verwirrt. Sollte sie sich in ihrem Gefühl doch getäuscht haben? Alexander war heute am Telefon ganz anders gewesen. So locker und lustig. Außerdem möchte er sie sehen. Merkwürdig. Nur schwer kann Paula jetzt einschlafen.

Am späten Sonntagabend wartet Paula gespannt auf Alexander. Da sie am Wochenende selten einen vollen Kühlschrank hat, zaubert sie aus Resten eine Kleinigkeit zum Abendessen. Alexander kommt pünktlich, sie essen gemeinsam und er erzählt von seinem Chorwochenende. Paula versucht einige

Male seinen Blick einzufangen, aber er weicht aus. Später machen sie einen Spaziergang durch den Park. Als sie vor den fünf Platanen stehen sagt Paula: „Du, das hier ist mein ganz persönlicher Kraftplatz. Hier bin ich sehr oft, wenn ich Energie brauche, oder auch einen stillen Ort zum Nachdenken."

„Wow, na das ist ja ein Zufall!", erwidert Alexander. „Ich liebe diesen Platz auch. Der Baum in der Mitte hat die stärkste Energie. Da stehe ich so gerne und schöpfe Kraft, wenn mein Akku leer ist von der Arbeit oder durch die Kinder."

Aber selbst durch diese Gemeinsamkeit wird es nicht wärmer zwischen ihnen. Paula ist durcheinander, sie wünscht sich Klarheit, traut sich aber noch nicht, ihn direkt darauf anzusprechen. Auf dem Rückweg gehen sie durch die Stadt, erzählen sich wechselseitig Geschichten aus der Vergangenheit. Obwohl es bereits spät ist, kommt Alexander noch mit auf einen Tee in Paulas Wohnung. Sie ist froh darüber, denn sie mag keine Unklarheiten. Während sie in der Küche verschwindet, um Tee zu kochen, nimmt sie sich fest vor, Alexander gleich ganz direkt zu fragen, was er wirklich von ihr denkt. Es kostet sie einiges an Mut, aber diese merkwürdige krasse Wechselwirkung zwischen Magnetismus und Kälte verwirrt sie einfach zu sehr.

Paula kehrt mit dem Tee ins Wohnzimmer zurück, atmet tief durch und fragt: „Sag mal, warst du am Freitag eigentlich enttäuscht, als du mich das erste Mal gesehen hast?"

„Ja", antwortet Alexander sofort. „Ich gebe zu, dass ich mir nach dem Foto aus deiner Homepage ganz andere Vorstellungen gemacht habe.

Wenigstens ist er ehrlich, denkt Paula, während Alexander

seine Gefühle auch weiterhin in dieser Offenheit erklärt. Dennoch sackt sie traurig in sich zusammen. Das war es dann wohl. Aber Alexander rückt näher, legt sogar den Arm um ihre Schulter. Das Gespräch bekommt nun auf einmal mehr Tiefe, sie reden auch über vergangene Beziehungen. Wie neben sich stehend hört Paula sich selbst darüber erzählen, wie sehr sie unter ihrem Problem in puncto Körperkontakt gelitten hatte. Auch darüber, wie groß die psychische Belastung gewesen war, sobald sie in den Beziehungen nicht mehr funktionierte.

Alexander hört erst still zu, dann lächelt er verschmitzt und sagt: „Ach so, dann weiß ich ja warum ich hier bin."

Paula reagiert entrüstet: „Aber doch nicht jetzt und hier!"

Beide müssen nun lachen, kuscheln sich noch näher zusammen. Der Magnetismus zwischen ihnen wird immer stärker und bald schon küssen sie sich lange und zärtlich. Paula verliert jede Angst, alles ist nur noch weich in ihr und sie hört endlich auf, zu denken.

In dieser Nacht geschieht ein Wunder. Ein Wunder an Heilung und neuem Vertrauen. Sie kann es nicht erklären, aber sie weiß, dass dieser lange Fluch den sie getragen hatte, nun endlich erlöst ist. Manchmal kommen ihr fast die Tränen, dann erfüllt sie wieder tiefe Dankbarkeit. Alexander tut ihr in keinster Weise weh, ein so achtsames Verhalten kannte sie bisher von anderen Männern noch gar nicht. Paula fasst es kaum, dass es plötzlich so leicht geht. Wie oft in der letzten Zeit hatte sie befürchtet, dass es ewig dauern würde, bis sie sich körperlich wieder jemandem öffnen könnte. Aber nun ist es einfach nur leicht, schön und erfüllend. Verschmelzung statt der bekannten Aggression. Als Alexander neben Paula einschläft, liegt sie weiterhin wach, genießt die Wärme seines Körpers.

Plötzlich spürt sie Lukas und er sagt in ihre Gedanken: „Das war die praktische Prüfung, von der ich damals sprach. Du hast sie mit *Sehr gut* bestanden."

Dann verschwindet er und Paula lächelt. Sein Ausdruck ist wieder einmal herrlich. Typisch Lukas.

Paradox

Pa-ra-dox. Das wird in der nun folgenden Zeit Paulas meistgedachtes Wort.

Alexander und sie sehen sich anfangs recht häufig, besuchen sich gegenseitig zu Hause oder treffen sich in der Stadt. Aber durch seine beruflichen Reisen und auch durch die Verpflichtungen seinen Kindern gegenüber, wird es bald immer seltener. Alexander hatte sich Paula gegenüber klar und ehrlich geäußert, dass es zwischen ihnen nur eine lose Verbindung geben kann. Paula ist damit im Grunde einverstanden, schließlich will auch sie zurzeit keine typisch feste Partnerschaft. Dennoch merkt sie mehr und mehr, dass ihr die so seltenen Treffen nicht genügen. Auch nicht für eine lose Verbindung, denn diese geht längst über eine rein körperliche hinaus. Ihr ständiger *Aura-Bluetooth*, wie Paula es scherzhaft nennt, ist stark und das zu ignorieren einfach unmöglich. Paula mag Alexander sehr, interessiert sich für ihn, sein Leben, seine Ansichten und will ihn gerne noch besser kennenlernen. Ihre seelische Verbindung fühlt sich so schön an und die vertrauten Gespräche besitzen eine immense Tiefe. Da gibt es soviel geistiges Potential zwischen ihnen. Alexander ist immer ehrlich zu Paula, er will sie nie verändern oder zu Unternehmungen überreden, die ihr nicht liegen. Beide sind bewusst genug, sich so lassen zu können, wie sie eben gerade sind und Paula empfindet das manches Mal wie ein Wunder. Keine gegenseitigen Projektionen, kein Kampf vergiftet ihr seltenes, aber dennoch intensives Beisammensein. Besonders aus diesem Grund ist Paula so gerne mit Alexander zusammen. Durch seinen großen Aktionismus und die vielen Termine hat sie allerdings kaum eine Chance, ihre eigenen Bedürfnisse zu artikulieren. Sie hängt in einer ständigen, natürlich selbstgewählten, Warteschleife. Richtige Verabredungen gibt es nicht, alles geht nur spontan.

Paula empfindet das trotz tiefem Verständnis für Alexanders Verpflichtungen als extrem anstrengend. Sie hat nichts gegen spontane Treffen, wenn es gerade für beide passt. Aber es ist für sie einfach schwer, nie zu wissen, ob sie sich diese oder nächste Woche überhaupt sehen werden. Sie spürt, wie sehr sie wartet, und bekommt dadurch eine riesige Wut auf sich selbst. Benimmt sie sich nicht schon fast wie die heimliche Geliebte eines verheirateten Mannes? Warum schafft sie es nicht einfach, alles leicht zu nehmen und so zu lassen, wie es eben gerade ist? Alexander kann schließlich nichts dafür, dass ihr Leben so öde und leer vor sich hin dümpelt.

Dann strafft Paula sich, verleiht sich selbst eine gewisse Coolheit, um ihre so unangenehmen und unerfüllten Bedürfnisse zu unterdrücken. Alexander hat sich ja schließlich immer ehrlich verhalten und ihr gesagt, was für ihn in Frage kommt und was nicht. Auf ihn wollte sie ihre miesen Gefühle also auch nicht projizieren. Meistens gelingt ihr das auch, aber sie fühlt sich dennoch unglücklich und angespannt. Dazu entsteht ein immer größerer Kontrast zwischen ihnen, nämlich der von großer Nähe zu kalter Distanz.

Sie spürt genau, wie sehr Alexander sich müht, sie nach ihren gemeinsamen Nächten wieder abzukühlen. Seine oft unpersönliche Art nach Sonnenaufgang, die Abwehr jeglichen Gefühls, das tut oft weh und Paula leidet darunter. Als Resultat unterdrückt sie dann auch wieder jedes warme Gefühl, geht in den Rückzug und resignierte traurig.

Komm her – geh weg!, nennt man so etwas in der Psychologie und in dem Punkt nehmen sie sich beide nichts. Angst und Unsicherheit haben sich eingeschlichen. Die einerseits so starke magnetische Seelenverbindung und die dagegen wie einen Vertrag geschlossene Unverbindlichkeit zeigen sich als das größte Paradox und verwirren.

Paula weiß durch frühere Beziehungen, ja manchmal auch aus tiefgehenden Freundschaften, dass viele Menschen ihre spezielle Art nicht aushalten oder falsch verstehen. Sie besitzt schon immer eine besonders tiefe Fähigkeit zu lieben, was ihr erst durch die Reaktionen anderer Menschen im Laufe ihres Lebens bewusst geworden war. Vorher hatte sie gedacht, es sei normal und bei allen Menschen so. Selbst Karina hatte in der Vergangenheit mehrfach für einige Zeit den Kontakt zu ihr abgebrochen, weil ihr Paulas intensive Art Angst machte. Mit Karina konnte sie es aber wenigstens ehrlich besprechen, sofern sie sich nach diesen Pausen wieder meldete. Das alles verwirrte Paula sehr und machte sie ratlos. Soll sie sich aufgrund der Angst anderer Menschen verbiegen und sich zurücknehmen? Das hatte sie aus Verlustängsten heraus, oft genug versucht, sich aber grauenhaft und unfrei dabei gefühlt. Jetzt bei Alexander läuft es also wieder so.

In der Bemühung sämtliche Gefühle zurückzuhalten, kontrolliert sie sich ständig. Gelingt ihr dies aber nicht, reagiert er mit besagter Distanz oder deutlichen Worten. Wahrscheinlich geschieht es aus Angst, sie könne die gemeinsame Vereinbarung vergessen. Paula kommt sich manchmal vor wie ein Hund, der bei jeder unkontrollierten Bewegung straff und kurz an die Leine genommen wird. Ständig fühlt sie sich falsch verstanden, wird immer unsicherer und findet innerhalb der Situationen auch keine Worte mehr um sich zu erklären. In ihrer Not schreibt sie ein Märchen, veröffentlicht es in ihrem Blog und hofft, auf diese Weise ein wenig besser verstanden zu werden.

Ich kann ja lieben, soviel ich will

Im Land der Zeit gab es einst ein kleines Mädchen, das fröhlich durch seine Welt hopste, das allen Menschen, Tieren und Pflanzen mit einer unschuldigen riesigen Liebe begegnete. Die Tiere und Pflanzen erwiderten diese Liebe bedingungslos. Sie umhüllten das kleine Mädchen mit zarten Farben und Fasern, die so fein waren, dass sie nur erfühlt, aber nicht mit dem menschlichen Auge gesehen werden konnten. Alles durfte in dieser reinen Unschuld frei fließen, manchmal verschmelzend, dann wieder in einer harmonischen Ordnung, in der alles an seinem Platz war.

Das kleine Mädchen begegnete auch vielen Menschen,

aber diese verstanden deren Liebe meistens falsch.

„Wenn du so offenherzig bist, dann wird dir etwas Schlimmes passieren", sagte die Großmutter.

„Du bist ein naives und dummes Ding!", schimpfte die Lehrerin, als es in die Schule kam. Die anderen Kinder nannten es **Klammeräffchen**, weil es seine Liebe frei verschenkte, indem es andere so gerne umarmte.

Immer, wenn jemand die Liebe des kleinen Mädchens auf diese Weise ablehnte, bekam es Schmerzen im ganzen Körper und wurde tief traurig. Aber es gab nie auf.

„Ich kann ja lieben, soviel ich will!", sagte es sich. „Es ist ja nicht verboten."

Und so schenkte es seine Liebe besonders den Tieren, die einfach da waren und auch nur liebten.

Liebe denkt nicht, Liebe zweifelt nicht. Liebe verschenkt sich, sie will hin- und herfließen, sich verströmen.

Aber die Menschen bastelten Gedanken, Geschichten und Schmerz um die Liebe herum, bis sie ihren Ursprung und deren Kraft kaum noch erkennen konnten. Das nannten sie dann **Erfahrung**, aus der man angeblich klug werden sollte. Wenn sie so sprachen, wurden sie sehr ernst und kamen sich wichtig vor. Das kleine Mädchen lachte dann und sagte wieder: „Das stimmt nicht. Ich kann ja lieben, soviel ich will."

Und wenn die anderen skeptisch schauten, dann erwiderte es: „Liebe kann nur in einem einzigen gewaltigen Moment tanzen. Eure Geschichten über sie existieren nur in der Begrenzung der Zeit. Euer Schmerz entsteht durch die Geschichten, mit denen ihr sie verstricken möchtet, niemals aber durch die Liebe selbst. Liebe verletzt nie, sie ist unabhängig und frei, egal was ihr tut oder über sie denkt."

Niemand verstand das kleine Mädchen und dessen Botschaft. Stattdessen argumentierten die Menschen mit Worten der Angst, wie: Liebeskummer, Trennungsschmerz, Betrug, Verletzung oder Einsamkeit. Sie meinten, man müsse vorsichtig sein, sich in seiner Liebe zurückhalten, die Kontrolle behalten, erst ganz sicher sein, dass es das Richtige ist. Alles andere wäre dumm und naiv. Das kleine Mädchen bekam dieses Wort naiv ständig zu hören und wurde auch von niemandem ernst genommen.

Als es älter wurde, hielt es seine Liebe auch oft unter Schmerzen zurück, bekam Angst vor anderen Menschen und wollte eines Tages nur noch eins: Sich selbst schützen, um in dieser Welt zu überleben.

Aber manchmal brach die große Sehnsucht wieder hervor, oft im Umgang mit Tieren oder wenn es Menschen begegnete, denen es von Herzen vertraute. Dann ließ es die Masken des Schutzes fallen und liebte wie einst als Kind. Es konnte diese Fähigkeit weder verlernen, noch auf Dauer verdrängen.

Doch auch die meisten dieser Menschen hielten das nicht aus, es machte ihnen riesengroße Angst. Erinnerungen an ihre eigene unschuldige Liebe kamen in ihnen wieder hoch, nach der sie sich zwar tief im Innersten sehnten, sich jedoch noch mehr davor fürchteten.

Die Menschen müssten sich einlassen, schutzlos und nackt, ohne Netz und doppelten Boden. Sie müssten alle ihre schlechten Erfahrungen von dieser reinen Liebe entkoppeln, sie müssten wieder unschuldige Kinder werden und alle Definitionen und Geschichten über die Liebe vergessen.

Sie müssten sich zutiefst entscheiden, laut und deutlich Ja sagen und es auch fühlen. Nein, das konnten sie nicht. Denn da lauerten neue Geschichten und Definitionen. Und diese wollten sie nicht in sich selbst wahrhaben, deshalb bewarfen sie lieber das inzwischen groß gewordene kleine Mädchen damit.

Es fielen oft gewaltige Worte, wie Verstrickungen, Klammern, Abhängigkeit. Aber das Mädchen lächelte sanft in seiner Traurigkeit, wenn die Menschen auf jene Weise, ihre Angst auf ihm abluden.

Unter Tränen verstand das Mädchen das Geschehen, sah in den Menschen ihre übermächtige Angst vor Nähe. Und es konnte diesen Menschen vergeben und sie ganz und gar loslassen.

„Ich kann ja lieben, soviel ich will!", dachte es dann wie früher und ging seines Weges. Was das Mädchen dann nicht mehr sehen konnte, war die Veränderung in den anderen Menschen. Denn diese wunderten sich sehr, dass ihre Definitionen über das Mädchen und dessen Liebe sich gar nicht bewahrheiteten. Plötzlich spürten sie, dass all die großen Worte ihnen selbst gehörten und sie schauten nicht mehr dem Mädchen in die Augen, das angeblich zu sehr klammerte, sondern ihrer eigenen nackten Angst vor Nähe. Das Mädchen war längst ganz weit fort.

Es wanderte weiter durch die Welt und eines Tages traf es auch Menschen, die nicht flüchteten, sondern die Nähe und Liebe wieder neu und frei erlernen wollten, jenseits von

Definitionen und Geschichten. Sie entschieden sich bewusst für die Liebe, sie sagten Ja und verstanden nun den Satz des Mädchens: „Ich kann ja lieben, soviel ich will."

Diese Menschen verstanden auch, dass es Arbeit an sich selbst bedeutete, dass es weder Sicherheit noch Gewohnheit gab in dieser Liebe, dass es Entscheidungen erforderte, immer wieder aufs Neue. Nicht wie gewohnt, Versprechen und falsche Schwüre auf Zeit zu geben, die nur kontrollieren und absichern wollen.

Liebe lässt sich niemals kontrollieren, aber um sie in ihrer vollen Kraft zu spüren, muss man sich entscheiden und einlassen. In einem zeitlosen Moment aus Hingabe, in dem alles tanzt. Nur durch ein klares Ja, sich ganz für die Liebe zu öffnen, kann sie ihre volle Kraft und Schönheit entfalten.

Was meinst du, lieber Leser, liebe Leserin? Könntest du dem Mädchen vorbehaltlos begegnen? Oder macht dir dieser Gedanke Angst? Das ist nicht schlimm, vorausgesetzt, du bist bereit dir diese Angst einzugestehen, dann tief darin einzutauchen, um sie mutig zu fühlen. Und solltest du dem Mädchen nie begegnen, so schenkt es dir doch seinen Satz. Wie fühlt er sich an für dich, wenn du ihn aussprichst?

„Ich kann ja lieben, soviel ich will!"

Erkenntnisse und Gnade

Zweimal startet Paula darauf vergeblich den Versuch, das Verhältnis zu Alexander zu beenden. Diese Form von Verbindung ist unglaublich anstrengend und anscheinend doch nichts für sie und ihre Lebenseinstellung. Natürlich weiß Paula, dass sie selbst das alles genau so angezogen hat. Vor dieser Zeit betonte sie aufgrund der noch nicht verheilten Verletzungen aus ihrer letzten Beziehung schließlich oft genug und in arrogantem Tonfall, dass eine normale Beziehung so schnell nicht wieder für sie in Frage kommen würde. Ein guter Freund aus Bayern, mit dem sie ab und an telefoniert, fragte sie damals in diesem Zusammenhang, wie viel Platz ein Mann denn überhaupt in ihrem Leben einnehmen dürfte. Bockig hatte sie ihm damals geantwortet: „Maximal einen Quadratmillimeter."

Herzlichen Glückwunsch Paula, denkt sie nun. *Das hast du wirklich prima manifestiert, die Kreation einer perfekten Spiegelung.* Dieser Zynismus hilft ihr allerdings genauso wenig weiter. Auch auf Lukas feuert Paula wütende Gedankenpfeile. Was für leere Versprechungen hatte er ihr gemacht, eingelegt in Hoffnungsbrei.

Seelenverwandt, vom gleichen Stern ... klar. Aber alles andere? Nein, das hier ist kein romantisches Märchen zweier Seelen, die sich finden und dann wird alles automatisch gut. Das hat sie auch nicht erwartet. Diese Kleinmädchenträume sind bereits lange in der Realität verpufft. Paula lebt hier auf der Erde, da ist es eben nicht so einfach wie aus Lukas' freischwebender Sicht.

Nun knallt er ihr mit Alexander wieder einmal einen

schmerzhaften Lernprozess um die Ohren. Wahrscheinlich hört das alles nie auf.

Paula fühlt sich wieder naiv, unvollkommen und leer. Lukas schweigt trotzig oder Paula kann ihn durch ihre Wut auf sich selbst und das Leben einfach nicht mehr erreichen.

Was Paula aber in Bezug auf Alexander auffällt: Immer wenn er bei ihr ist, fühlt sie sich wieder lebendig. Als ob seine so intensive und schöne Art, alles im Leben mitzunehmen und zu genießen, für eine Weile auf sie übertragen wird. Sie fühlte es mit. Ist er aber wieder fort, dann spürt sie ihre eigene Leere, ihr Nicht-Leben umso heftiger und schmerzvoller. Alexander verkörpert also in etwas extremer Form das Leben, nachdem sie sich wieder so sehnt. Gerade seine spezielle Intensität lässt sie den eigenen Schmerz besonders stark wahrnehmen.

Diese Erkenntnis teilt sie mit ihrer Freundin Karina, der es zurzeit in puncto Leere auch nicht besser ergeht. Beide Frauen stecken wieder einmal im selben Dilemma der tiefen Sehnsucht nach Leben und der immer noch unerfüllten Realität. Eines Abends hält Paula es nicht mehr aus. Sie will Antworten, Rat und Hilfe aus ihrer Sternenheimat Altair, jetzt und sofort.

Da Lukas für sie momentan irgendwie nicht erreichbar ist, bittet sie ihre Vertraute Anastares um einen schriftlichen Dialog. Das funktioniert, indem Paula sich in die Stille begibt und ihre Sternenschwester in Gedanken zu sich ruft. Geistwesen können an sie gerichtete Gedanken empfangen und sich unvorstellbar schnell in Zeit und Raum bewegen.

Anastares hat Paula und Karina in letzter Zeit schon oft medial mit gutem Rat zur Seite gestanden. Auch dieses Mal erfüllt sie Paulas Bitte um einen Rat.

Und so beginnt Paula diesmal den Dialog:

Liebe Anastares,
heute einmal so herum. Ich habe die Lektion begriffen, warum gerade Alexander mir von euch geschickt wurde. Ich kann es jetzt sehen. Er verkörpert das Leben. Ist er bei mir, fühle ich mich wohl, weil ich das Leben dann wieder spüre, es ist noch so vertraut von früher. Durch Alexander und seine Art auf eine schöne Ebene ins Jetzt geholt. Ist er dann weg, zehre ich meist eine Weile von dem Lebendigsein, dem Gefühl, doch noch dazuzugehören. Später weicht es langsam aus meiner Aura.

Klar, es ist ja in Wirklichkeit nicht meins. Und dann werde ich brutal zurückgeworfen in mein Nicht-Leben, meine Leere, meine totale Isolation, von dem, was eben nicht ist.

Alexander lebt gerne, er nimmt alles mit, kann genießen, Aus- und Erleben ohne Angst, er tut es einfach.

Ich dagegen traue mich nichts, bin immer noch gelähmt, depressiv, freue mich an nichts draußen in dieser Welt hier und laufe völlig lebensuntüchtig auf dieser Erde herum, wie in einer Parallelwelt. Verzweifelt klammere ich mich an jeden Fetzen Leben, der mir über andere Menschen gezeigt wird, aber da es nie mein eigenes ist, verschwindet es auch schnell wieder. Alexander ist der heftigste und deutlichste Spiegel, den ich je hatte, weil er energetisch so sauber ist. Das verstehe ich zumindest jetzt.

Und da hilft auch kein anderer Mann, alles Quatsch, Flucht. Vielleicht dient er ja in Wirklichkeit nur mir und nicht auch umgekehrt?

Ist es wirklich so einseitig? Er bringt mich in den tiefsten Schmerz und lässt mich dann los und damit alleine, das ist gut, klar. Es ist ja meine Verantwortung, die nur ich tragen kann.

Sag mir bitte einmal ohne Schmus: Waren all die letzten Jahre umsonst? Ich möchte nur noch die Wahrheit. War diese heftige Isolation vom Leben zu krass und habe ich den Absprung zurück verpasst? Ich sehe natürlich den Sinn in den ganzen Auflösungen, Bewusstwerdungen, das meine ich nicht. Ich hätte das aber vielleicht mit ein bisschen mehr Disziplin und gutem Willen schaffen können, ohne gleich ganz aus dem Leben zu fallen. Meine Radikalität macht mir Angst, sie ist hart, steinhart. Das ist keine Konsequenz, denn die hätte mir Zufriedenheit geschenkt. Die Radikalität macht hart und führt zu Schmerz und Depression. Was rätst du mir?

Komme ich da jemals raus und wenn, dann möchte ich wissen wie. Ich habe keine Ahnung mehr, alles versickert immer wieder. Kurze Hoffnung, dann Resignation. Ich mag so nicht mehr, das ist eine völlig verpfuschte Existenz jetzt, kein Leben.

Paula nimmt die Hände von der Tastatur, atmet tief durch. Sie braucht einige Minuten, um wieder Kraft zu tanken, um dann die Antwort von Anastares hören und aufschreiben zu können. Anastares wartet geduldig, bis Paula bereit ist. Dann diktiert Anastares ihr in sehr klaren Worten die Antwort.

Liebes,

das sind sehr deutliche Worte und ja, der größte Teil stimmt. Du hast die Spiegelfunktion von Alexander erkannt, seine tiefe Liebe dahinter, dir damit zu dienen.

Auch das mit der Radikalität ist wahr. Es war dennoch dein Weg, auch wenn du das nicht mehr hören kannst. Du wolltest diese Erfahrung machen. Was würdest du sagen, wenn ich jetzt behaupte: Wer so tief leiden kann wie du, der kann auch genauso leidenschaftlich und glücklich, lebensbejahend und lebendig sein? Es ist nur noch ein Schritt, gib jetzt nicht auf. Die dunkelste Stunde ist die vor Sonnenaufgang und da stehst du jetzt, in deinem tiefsten, bittersten Schmerz, der darauf wartet, in Licht gewandelt zu werden. Nein, ich vertröste nicht, ich lulle dich nicht ein, ich sage die göttliche Wahrheit. Du fragst, wie dieser Schritt aussieht? Du hast keine Ahnung? Du hast Angst und siehst deshalb nichts. Es ist deine größte Angst, aber gleichzeitig dein größter Wunsch, zurück in die große Fülle des Lebens zu gehen. Dich hineinzuwerfen wie in das Meer, ohne Schwimmreifen, rettendes Ufer oder Boote. Hineinwerfen und fließen, treiben lassen, kraftvoll schwimmen, tauchen, spielen.

Wie fühlt sich das an? Bedrohlich und doch unglaublich schön, oder? Warum versickert alles? Wegen der Angst.

Die Angst ist dein einziges Problem. Ist sie besiegt, erlöst und integriert, dann kannst du fließen. Der nächste Schritt ist also, noch einmal voll in diese Angst zu gehen, bewusst fühlend, ohne jede Analyse, ohne Erklärungen, nur noch fühlen. Und das Gleiche gilt auch für Karina, ohne

Wenn und Aber.

Was du in Leid und Schmerz umsetzt, macht sie in Lethargie und Resignationsverdrängung. Beide Varianten fördern Einsamkeit, Trauer und auch die Ausreden, dass es doch eigentlich schön ist zu Hause, in Stille etc.

Alles Lüge, meine Lieben, alles Lüge. Leben geht nur mit hundertprozentigem Einsatz. Leben ist erbarmungslos und geht, wenn es nicht vollständig anerkannt und gelebt wird, so wie es nun einmal ist.

Dabei dürft ihr lenken, wünschen, jammern, lachen, alles. Hauptsache, es wird gelebt. Geht ihr hinaus aus dem Leben, dann verlässt das Leben auch euch immer wieder. Es ist ein Spiegel, ob in Personen, wie jetzt bei dir mit Alexander oder in anderen Situationen. Das Versickern geschieht dann, wenn ihr die Angebote des Lebens nicht annehmt. Und es waren bereits so einige da. Nichts habt ihr wirklich aktiv begonnen, die Angst hat gesiegt.

Ich sage nur: Vorträge über Trauer, euch wirklich zeigen, Initiative nicht nur anfangen, sondern auch weiterführen. So ist es, das hier ist das Ergebnis. Und das scheint nun erbarmungslos, es macht unendlich traurig und lässt dich/euch resignieren. Es sei denn, ihr geht nun diesen schweren letzten Schritt in die absolute Dunkelheit. Es gibt so viel Hilfe, ihr habt genügend Werkzeuge, Freunde und die Familie als Spiegel. Tretet sie nicht beleidigt weg, sie dienen euch so voller Liebe und es ist vollkommen egal, ob das bewusst oder unbewusst geschieht. Nutzt endlich die praktischen Werkzeuge, seid diszipliniert für euch selbst, arbeitet noch einmal richtig hart, es geht um Euer Leben.

Das ist kein Paradox. Auch die Leichtigkeit des Seins ist harte Arbeit, wenn sie in der Polarität gelebt werden will. Und das ist Euer Anspruch, der der uralten Seelen: Endlich ein Leben in Leichtigkeit, bewusst im Fluss des Seins, in Freude, Erfülltsein und hundert Prozent Liebe. Diese hundert Prozent Liebe sind längst da, ihr seht sie nur nicht richtig.

Die vielen Spiegel täglich, egal wo, alles ist einhundert Prozent Liebe. Selbst die Angst, die sich nun so gnadenlos immer wieder bemerkbar macht, sie ist in Wirklichkeit nichts anderes.

Der Weg ist beendet, vom Leben in den Stillstand, vom Stillstand nun zurück mit all dem neuen Wissen und Fühlen ins Leben. Er ist zu Ende, bis auf diesen einen kleinen Schritt. Geht ihn in voller Liebe und so bewusst wie möglich. Wir helfen euch, aber gehen müsst ihr selbst. Wir alle hier, die Spiegel bei euch, wir wären doch nicht so hartnäckig, wenn wir nicht an euch glauben würden, wenn wir es euch nicht zutrauen würden.

Macht diesen Schritt. Die Angst ist bereit zu gehen, haltet sie nicht länger aus Angewohnheit fest.

Tut es heute noch, nehmt die Werkzeuge an, die ihr habt, die Nächte der Schulungen hier bei uns, die Erkenntnisse, dann geht vorwärts, ein Schritt nur, Mädels. Ein Schritt!

In tiefer Liebe, Anastares!

Nachdem Paula Anastares' Antwort einigermaßen begriffen und verinnerlicht hat, ruft sie Karina an, um ihr den Text vorzulesen, denn Anastares erwähnte schließlich auch sie darin.

Tief beeindruckt von den direkten und so ehrlichen Worten ihrer Sternenschwester fühlen Paula und auch Karina sich nun bereit, diesen letzten Schritt in die Angst zu gehen. Jede auf ihre Weise. Und beide ahnen, dass es sich wieder einmal wie sterben anfühlen würde. Eintauchen in die tiefste Tiefe, in absolute Dunkelheit.

Paula nutzte die nächsten Tage des Alleinseins, sie will es schaffen. Um jeden Preis der Angst in die Augen sehen, egal wie hart es werden wird.

Vielleicht übertreibt sie ein wenig, aber sie will einfach keine Zeit mehr verlieren. In diesem Fühlen von absoluter Dunkelheit torpediert es sie schließlich wieder in die Zerrissenheit ihrer Gefühlswelt. Diese wird immer stärker und deshalb provoziert sie einige Tage später völlig verzweifelt und dadurch unbewusst, einen Streit mit Alexander.

Sie hatte fest vor, sich endgültig von ihm zu trennen. Der ständige Wechsel zwischen großer geistiger, sowie körperlicher Nähe und dann wieder dieser künstlich erzeugten Distanz ist einfach zu viel für Paula. Es tut ihr weh, wenn er sie ständig an die Unverbindlichkeit zwischen ihnen erinnert, als wäre sie zu dumm, es zu begreifen. Bis sie dann aufgrund eines eigentlich harmlosen Scherzes in einer seiner Mails schließlich doch sehr unfreundlich explodiert. Der Auslöser dabei ist eigentlich völlig unwichtig.

So bittet sie Alexander letztendlich nach einigem Hin und Her um ein Treffen. Paula wünscht sich gerade wegen ihres unreflektierten Ausrasters einen sauberen Schnitt, will noch die gegenseitig geliehenen Bücher austauschen, um dann endlich wieder ihre emotionale Ruhe zu haben. Trotz aller Erkenntnisse kann sie einfach nicht mehr so weitermachen. Dieses Treffen findet auch statt, aber dann doch ohne die geplante Trennung. Sie schaffen es alle beide nicht, der Magnetismus und die deutlich fühlbare Seelenaufgabe beiderseits sind einfach stärker als der Verstand.

Also geht es weiter, aber in Paula ist durch die vorherige echte und starke Trennungsabsicht etwas passiert.

Sie hat nicht mehr resigniert, sondern in diesem Moment wirklich losgelassen. Und erkannt, dass ihre wahren, tiefen Wünsche in Bezug auf Partnerschaft im äußersten Winkel verbannt und durch Stolz und Angst gar nicht von ihr zugelassen wurden. Aus Angst, wieder in alte Muster zu verfallen, aus Angst vor neuer Enttäuschung und Leid hatte sie sich die Möglichkeit einer unverbindlichen Beziehung schön geredet. Anastares hatte in allem Recht behalten.

Diese ewige Angst boykottierte ihr gesamtes Leben. Die scheinbare Lockerheit und Coolness sind auch nur wieder ein neuer Schutzpanzer und damit unecht. Aber sie bereut rein gar nichts, was Alexander betrifft, sie ist ihm sogar zutiefst dankbar. Für die sanfte und so liebevolle Heilung auf Körperebene, seine beständige Ehrlichkeit und auch die vielen tiefen Erkenntnisse der letzten Zeit. Paula selbst ist ein einziges Paradox. Ihre wahren Herzenswünsche und im Gegenzug die Wünsche, die sie angstvoll als Wahrheit vorgibt, sind komplett konträr. Das muss sich ja spiegeln.

In diesem neuen Bewusstsein und einer totalen Offenheit schreibt sie nun auf, was sie sich wirklich wünscht. Nicht nur in Sachen Liebe, sondern gleich für alles, was ihr Leben betrifft. Nachdem sie es in Gedanken ausformuliert hat, fühlt sie sich erleichtert und ist völlig bei sich. Sie setzt sich nieder, schreibt, liest sich dann alles durch, korrigiert einiges und ist vorerst mit dem Ergebnis zufrieden.

Meine wahren Herzenswünsche:

- *Eine harmonische, von absoluter Ehrlichkeit und Offenheit getragene, verbindliche Partnerschaft auf Augenhöhe, in tiefer gegenseitiger Liebe, mit sexueller Treue und dennoch Freiheit in Bezug auf das Leben, Ziele, Wünsche. So lange, wie beide damit glücklich und erfüllt sind, ist es verbindlich. Frei von Verstrickungen, Abhängigkeiten, kranken Anhaftungen, angstvollen Versprechen. Alles sollte nur auf Liebe basieren. Liebe sei das Fundament, das Haus und das Dach des Schutzes. Wir nehmen uns Zeit füreinander, um miteinander und aneinander zu wachsen.*

- *Eine erfüllende, freiberufliche Arbeit, bei der ich in meinem Rhythmus gutes Geld verdiene, mich ausgefüllt und zufrieden fühle. Am liebsten möchte ich dabei meine Medialität, mein Wissen und meinen großen Erfahrungsschatz einsetzen können. Ich wünsche mir, die richtigen Menschen dafür leicht zu gewinnen. Sie geben mir für diese Arbeit auch gerne einen gesunden Ausgleich. Ebenso gerne empfehlen sie mich weiter.*

— *Ich wünsche mir ein regelmäßiges Einkommen an Geld, welches ich dann in für mich Wertvolles umsetzen kann, wie z.B. gute Ernährung, schöne Seminare auf die ich Lust habe, Kleidung, in der ich mich wohl fühle, Veranstaltungen und auch Vergnügen. Einfach für alles, was mir gut tut.*

— *Ich wünsche mir einen attraktiven, schönen, schlanken und jugendlichen Körper, in dem sich meine Seele wohlfühlt und der mich leuchten lässt, meine Seele und das Sein widerspiegelt.*

— *Ich wünsche mir Liebe, von mir selbst und anderen.*

Etwas später ergänzte Paula und machte aus den Wünschen eigene Entscheidungen, um sie zu bekräftigen und voller Vertrauen an die Quelle allen Seins abzugeben.

Entscheidungen

— *Ich entscheide mich jetzt für eine verbindliche Liebe und Partnerschaft mit o.g. Kriterien, auf neuer Basis der Freiheit und hundertprozentiger beidseitiger Liebe. Das WIE überlassen ich der Quelle.*

— *Ich entscheide mich, in meiner Berufung und Bestimmung zu arbeiten und damit gutes Geld zu verdienen, leicht und mühelos, in Liebe und Mitgefühl,* nach o.g. Kriterien. Das WIE überlasse ich der Quelle.

- Ich entscheide mich für ein glückliches, gesundes Leben in Fülle und auch materiellem Reichtum, siehe oben. Das WIE überlasse ich der Quelle.

- Ich entscheide mich für einen schönen Freundeskreis mit Menschen, die mich durch und durch verstehen, achten, lieben. Wir halten wie eine Familie zusammen. Ich fühle mich sicher, geborgen und die Einsamkeit löst sich vollständig auf. Das WIE überlasse ich der Quelle.

- Ich entscheide mich, dass mein Körper gesund und schlank ist, nach o.g. Kriterien. Das WIE überlasse ich der Quelle.

- Ich entscheide mich für die Liebe in allem was mein Leben betrifft.

- ICH BIN DAS LEBEN!

Völlig zufrieden mit ihrem nun gut formulierten neuen Leben verspricht Paula sich selbst, nicht mehr von diesen Wünschen und Entscheidungen abzugehen oder Kompromisse zu machen.

Nachdem sie das alles festgelegt hatte, löst sich etwas in ihr. Es fühlt sich wie damals im Mai 2012 an, als sie mit Lukas die Spiegelmänner durchgegangen war und anschließend die unendliche göttliche Gnade verspürte.

Doch nun hört das Gefühl gar nicht mehr auf und bleibt beständig. Als sie es mit Karina reflektiert, da diese es aufgrund eigener Prozesse ähnlich intensiv spürt, beschreibt Paula es fröhlich als *Jesus-Feeling*. Karina aber fällt noch ein besserer Begriff ein, sie nennt es *Generalgnade*. Aber egal welchen Namen ES bekommt, es fühlt sich einfach göttlich an, denn ES ist pure bedingungslose Liebe.

Paulas Verbindung zu Alexander wird dadurch freier und lockerer, auch wenn sie ihm noch nichts von ihren neuen Erkenntnissen erzählt. Er spürt die Veränderung dennoch. Sie hat endlich losgelassen, genießt aber weiterhin das, was sie an Schönem mit ihm verbindet.

Klar ist jetzt schon, dass sie sich irgendwann innerlich nun doch wieder für eine verbindliche Partnerschaft öffnen wird, wie und mit wem auch immer. Paula hat alle Details dazu vertrauensvoll der göttlichen Quelle übergeben. Wenn ihr Wunsch stark genug im Gefühl und zur Erfüllung vorgesehen ist, wird schon irgendwann der passende Mann in ihr Leben treten.

Bis dahin hat sie eben Spaß mit Alexander. Das war ja auch genau das, was er von Anfang an gewollt hatte. Mit Klarheit und Ehrlichkeit kann es später sicherlich auch eine wunderbare Freundschaft bleiben. Gegenseitiges Vertrauen und Verständnis gibt es und somit eine gute Basis. Paula will sich darüber aber noch keine Gedanken machen, denn Alexander wird ohnehin schon sehr bald für den Zeitraum von über einem Monat fort sein. Er geht dann in ein Vipassana-Meditationszentrum und Paula freut sich für ihn. Spürt sie doch bereits intuitiv, wie gut ihm der Schritt in eine intensive Auszeit tun wird.

Was Paula aber zu diesem Zeitpunkt noch nicht wissen kann, ist, dass bis zu seiner Abreise noch einige Überraschungen auf sie warten.

Vorbereitungen

STERNENTOR 1-3-7 AUF ALTAIR

Lukas, Amandar und Anastares sitzen zusammen und beratschlagen sich.

Es geht um Verknüpfungen und neue Begegnungen, aber auch um die Heimreise der Seele eines Sternenbruders. Alles muss jetzt perfekt laufen.

Die Seele des Sternenbruders mit dem irdischen Namen Jan hat nun ihre Heimkehr beschlossen und damit den irdischen Tod. Vor acht Jahren war Jan eine längere Zeit mit Paula befreundet gewesen. Sie sah ihn damals als ihren ersten spirituellen Lehrer an. Leider hatten sein Lebensweg und viele eigene Probleme ihn dann unbewusst in dunkle Astralverstrickungen geführt. Ein Lernprozess für ihn, aber auch für alle, die mit ihm zu tun hatten. Sein spirituelles Ego wuchs teilweise ins Unermessliche, er verlor die Bodenhaftung und richtete mehr Schaden an, als dem Licht wirklich zu dienen. Dunkle, dämonische Wesen nutzten dies und manipulierten durch ihn. Er spürte von alledem nichts, sah sich selbst als größten Lichtarbeiter und Lehrer. Er verleugnete hartnäckig seine eigenen Schattenanteile, seine polare Persönlichkeit und damit seine Menschlichkeit hier auf der Erde.

Die Erde, der Planet der Polarität, auf dem Licht und Schatten gleichermaßen verkörpert werden.

Paula und einige ihrer Freunde hatten Jans Höhenflüge, sowie die Anhaftungen der Dunkelwesen damals sehr unangenehm zu spüren bekommen und Paula hatte letztendlich angstvoll den Kontakt zu ihm abgebrochen. Auch Paulas Tochter Jasmin geriet in tiefe Ängste, denn sie konnte diese Wesen sehen. Ihre Hellsichtigkeit befand sich damals gerade in den Anfängen. Es war eine harte, wenn auch lehrreiche Zeit und Paula musste sich nun notgedrungen auch der dunklen, astralen Welt widmen. Sie lernte es Clearings zu machen, eine Methode zum Aufspüren, Bewusstmachen und Beseitigen von Manipulationen und Besetzungen durch andere Wesen oder Seelen. In Vergebung und Liebe konnten sich diese Wesen schließlich erlösen und gehen. Vielen Menschen hatte sie damals dadurch helfen können, wieder sie selbst zu sein. Ein Jahr später war Paula dann nach Bayern gezogen, hatte ein neues Leben angefangen und hörte kaum noch etwas von Jan.

Während der fünf Jahre, in denen Paula in Bayern lebte, freundete sich Jan mit einem Osteopathen namens Max an, der ihn genauso, wie anfangs auch Paula, als großen spirituellen Lehrer ansah und bewunderte. Max befreundete sich in etwa zeitgleich dazu mit Marie, einer Freundin von Paula, die ursprünglich als Patientin in seine Praxis gekommen war. Als Paula dann einige Jahre später endgültig in ihre Heimat zurückgekehrt war, wollte Marie sie mit Max bekannt machen, deutete sogar einen Verkupplungsversuch an. Marie mochte

Max sehr und dachte sich, dass er vielleicht gut zu Paula passen könnte. Paula war jedoch in dieser Zeit einfach nicht offen und als sie von Max' Freundschaft zu Jan hörte, wehrte sie ein Treffen generell ab. Denn mit Jan wollte sie am liebsten nie wieder etwas zu haben. Dass diese alte Geschichte mit ihm noch immer unerlöst und ein guter Spiegel für sie selbst war, sah sie zu der Zeit noch nicht. Der tiefere Sinn und auch die Geschenke dahinter sollen sich aber nun bald offenbaren.

Nachdem Paula nun Alexander kennengelernt hatte, erfuhr sie schon bei ihrem ersten Gespräch von ihm, dass Max ein guter und langjähriger Freund von Alexander war. Was Jan betraf, hatte auch Alexander große Bedenken. Er erzählte Paula traurig von seinen Erfahrungen, was für ein guter Osteopath Max sei, doch leider habe er sich durch den Kontakt zu diesem Menschen sehr verändert. Paula wunderte sich, dass Max ihr also auf diesem Wege wieder bewusst gemacht wurde. Sie fragte sich, ob sie ihn womöglich doch kennenlernen sollte. Alexander und Paula sprachen auch über die Möglichkeit eines Kontaktes, aber die knappe Zeit und Alexanders häufige Reisen verhinderten ein Treffen erst einmal für unbestimmte Zeit. Die beiden Männer hatten durch die viele Arbeit ohnehin schon länger kaum noch Kontakt.

„Das soweit zu den Verbindungen", beendete Lukas seine Erläuterungen.

„Danke für die Zusammenfassung, Lukas", antwortet Amandar. „Dann überlegen wir nun, wie demnächst alles zusammenspielen kann. Der Kontakt zwischen Paula und Max wird hergestellt, das soll sein und ist klar. Aber unser Bruder Jan macht mir Sorgen. Er ist verwirrt, labil und in echter Gefahr, was die dunklen Astralwesen betrifft. Diese geben alles, um seiner Seele bald habhaft zu werden."

Anastares mischt sich nun ein: „Ich werde Paula um Hilfe bitten. Über die Jahre hat sie sich genug mit dieser dunklen Welt befasst, sie kennt die Möglichkeiten und hat die nötigen Werkzeuge, um Jan zu helfen. Sie muss es nur wollen. Wir brauchen ihren menschlich inkarnierten Körper, um das Schlimmste abzuwenden. Lukas, was meinst du? Wird Paula sich einlassen?"

„Ich bin mir sicher. Ja", antwortet dieser. „Paula ist momentan schon in so einer starken Liebe und Reife, sie kann vergeben und helfen. Aber bitte rede du mit ihr, Anastares."

„In Ordnung. Alles Weitere wird sich dann fügen. Die Seelen der anderen Beteiligten haben sich schon bereiterklärt, Paula energetisch zu unterstützen. Alles geschieht ohne direktes Wissen, das bekommen sie erst hinterher, um den Prozess nicht zu gefährden." So beschrieb Anastares also den Anwesenden die Zusammenhänge.

Damit sollte vorerst alles geklärt sein und Lukas bleibt im Anschluss alleine zurück. Hoffentlich hält Paula diese Herausforderung gut aus, sorgt er sich. Es wird nicht leicht werden. Dennoch weiß er, dass nach diesen Ereignissen wunderbare Veränderungen geschehen werden. Paulas großer Wunsch nach Freunden wird in Erfüllung gehen und nicht nur das. Sie wird wieder arbeiten, mit all ihren medialen Fähigkeiten.

Die Zeit ist nun reif, mehrere inkarnierte Seelen von Altair mit Paula zusammenzuführen, damit sie sich in Achtung und tiefem Vertrauen erkennen und gegenseitig unterstützen können. Lukas möchte seine Paula doch endlich wieder glücklich sehen.

Merkwürdige Tage

Es ist Dienstagabend, als Mr. Darcy, Paulas sonst so ruhiger und gelassener Hund, plötzlich am ganzen Körper heftig zu zittern beginnt. Paula schafft es nicht, ihn zu beruhigen. Im Zimmer ist es trotz warmer Außentemperaturen plötzlich eiskalt. Vor zwei Wochen passierte das schon einmal. Damals halfen Jasmin und Karina dabei, sehr ungute, dunkle Wesen zu entfernen. Paula und auch Jasmin hatten in diesen Wesen die Energie wiedererkannt, die damals von Jan ausging und beiden war gar nicht wohl zumute. In Zusammenarbeit mit ihren Freunden aus dem Licht erlöste sich die Situation nach langer Arbeit und einigen Erkenntnissen jedoch. Paula hatte Jan noch einmal in der Tiefe vergeben und war überzeugt, dass es damit erledigt wäre.

Doch jetzt passiert es schon wieder. Wieso bekommen sie keinen Schutz? Was hat das zu bedeuten? Paula ruft ratlos und schon ein wenig panisch bei ihrer erwachsenen Tochter an, die gleich um die Ecke wohnt und sofort zu Hilfe eilt. Jasmin sieht überall in Paulas Wohnzimmer dunkle, sehr unheimliche Wesen, vor denen Mr. Darcy panisch zittert. Er sieht und fühlt ihre negativen Energien. Während Jasmin ihr genau sagt, wo die Wesen sind, versucht Paula diese mit ihren Methoden in den Lichttunnel zu locken. Sie sendet Liebe und es scheint zuerst, als würden sie reagieren. Doch die Kraft reicht nicht.

Paula und Jasmin bitten um geistige Hilfe aus dem Licht. Diese kommt dieses Mal sogar von den Elohim, das sind Engel und große Schöpferwesen, mit denen Paula und auch Jasmin schon häufig zusammengearbeitet hatten. Sie transformieren die dunklen Wesen und legen Paula, Jasmin, dem Hund und der gesamten Wohnung anschließend ein weißgoldenes Matrixgitter als Schutz um.

Mr. Darcy hört schlagartig auf zu zittern, bekommt seinen *Sternenblick*, den er immer hat, wenn lichtvolle Wesen im Raum sind, und schläft sofort ein. Das Zimmer ist wieder wunderbar warm und voller Liebe. Paula bedankt sich, atmet erst einmal tief durch und fühlt sich vollkommen erschöpft.

Am nächsten Tag telefoniert sie mit Karina und hofft nun auf Antworten über die Medialität ihrer Freundin. Diese sieht einige Bilder aus früheren Leben, die Paula und Jan betreffen und sie hilft, alles mit Vergebung und Liebe aufzulösen.

Paula macht es sehr nachdenklich, dass Jan auf so eine Weise nun wieder in ihr Bewusstsein dringt. Ob sie ihm vielleicht doch noch einmal begegnen soll, um die alten Verstrickungen direkt zu klären? Sie wäre jetzt dazu bereit.

Vielleicht hat ja Alexander eine Idee, sobald er wieder von seiner beruflichen Reise zurück sein würde. Über seinen Freund Max könnte er vielleicht ein Treffen mit Jan arrangieren. Paula ist wild entschlossen, diese alten Geschichten endlich zu bereinigen.

An diesem Mittwochabend geht sie erst sehr spät ins Bett und möchte nur noch schlafen. Da meldet sich Anastares in absolut eindringlicher Form durch ihre Gedanken.

„Bitte, Paula, noch nicht einschlafen", wispert sie. „Ich darf dir noch nichts Genaues sagen, aber wärst du jetzt bereit, Jan energetisch zu helfen?"

Paula ist wieder hellwach, fühlt die Liebe von Anastares und damit die Energie von Altair.

„Ja", sagt sie. „Ich helfe. Sag mir, was ich tun soll."

„Schau dir das Bild an, das ich dir schicke", Anastares Worte klingen nachdrücklich.

Paula schließt die Augen und sieht ein riesiges schwarzes Loch. „Forme einen Tunnel als Abgrenzung um das schwarze Loch, öffne dann deinen Lichttunnelanschluss. So kannst du alles was aus der besagten Dunkelheit kommt durch den Lichttunnel schleusen", gibt Anastares ihr die Anweisung.

Paula beginnt und es geht relativ leicht. Unmengen von dunklen Wesen passieren den Tunnel. Immer, wenn diese durch Paula ins Licht gehen, spürt sie so viel Liebe, dass sie weinen muss. Nach einer Weile ist das schwarze Loch vollständig verschwunden. Paula atmet erst einmal durch. Anastares ist noch immer sehr präsent, also wird wohl noch etwas kommen. Und so ist es.

Plötzlich sieht Paula Jan vor ihrem geistigen Auge. Er steht in einem Lichtkegel und hat am ganzen Körper dunkle Flecken.

„Kannst du die dunklen Flecken bei Jan entfernen und durch den Lichttunnel schicken?", fragt Anastares.

Paula tut es und sie sieht, wie Jan daraufhin erlöst lächelt und mitsamt dem Lichtkegel, der ihn umgibt, verschwindet. Anastares bedankt sich bei Paula und diese schläft in einem Gefühl des totalen Friedens ohne weitere Gedanken an das eben Geschehene ein.

Der nächste Tag, ein Donnerstag, beginnt sonnig und mit guter Laune. Paula beschließt, heute gegen Mittag ein wenig in dem großen Einkaufscenter der Innenstadt bummeln zu gehen. Und so macht sie sich dann auch auf den Weg. Im Center steht sie auf der Rolltreppe, schaut auf die umhereilenden Menschen und plötzlich bekommt sie ein Gefühl, als stünde Jan neben ihr. Irritiert schaut sie sich um, aber niemand ist da. Ob er in der Nähe ist, sie vielleicht beobachtet? Vielleicht kommt ja womöglich jetzt die Chance auf ein klärendes Treffen.

Das Gefühl lässt nicht nach. Paula läuft wachsam durch die Einkaufsmeile, schaut in alle Läden und Ecken. Womöglich ist er ja tatsächlich auch gerade hier? Aber es geschieht nichts. Paula erledigt ihre Einkäufe, trinkt beim Bäcker noch gemütlich eine Tasse Kaffee und fährt dann nachdenklich mit der Straßenbahn zurück nach Hause. Sie erzählt Karina und ihrer Tochter von ihrem Erleben, aber die beiden haben auch keinerlei Eingebung, was geschehen sein könnte. *Egal*, denkt Paula. Wenn es sein soll, wird sich für ein Zusammentreffen mit Jan schon eine passende Situation ergeben.

Zwei Tage später klingelt mittags ihr Telefon. Es ist Marie, von der Paula schon längere Zeit nichts gehört hatte. Überrascht nimmt sie das Gespräch an.

Aber Marie klingt schon bei der Begrüßung komisch: „Du, ich muss dir etwas erzählen. Ich habe gerade die Zeitung gelesen, die Todesanzeigen. Jan ist am Dienstag gestorben. Seine Eltern haben eine Anzeige geschaltet. Die Ursache seines Todes ist allerdings nicht daraus ersichtlich."

Paula bekommt vor Schreck keine Luft, muss sich setzen.

Das gibt es doch gar nicht! Das kann nicht sein. Sie muss die Nachricht erst einmal verdauen und verabredet sich für später mit Marie in der Stadt. Als die beiden Frauen sich dann treffen, erzählt Paula ihr aufgeregt die geistigen Geschehnisse der letzten Tage. Marie ist sehr erstaunt. Sie kennt ja Paulas mediale Fähigkeiten, aber das jetzt ist schon sehr speziell. Genau an Jans Todestag hatte Paula die dunklen und bedrohlichen Astralwesen in der Wohnung gehabt. Für Marie klingt alles ziemlich verrückt, aber Paula denkt sich so etwas nicht aus. Marie sagt dann: „Ich werde Max später eine SMS schicken, vielleicht weiß er ja Genaueres darüber, was mit Jan geschehen ist und was die Todesursache war."

Am Abend erhält Paula dann eine SMS von ihr, in der steht, dass Max sich gemeldet hat. Jan wäre sehr elendig nach kurzer, schwerer Krankheit gestorben und niemand hatte ihm mehr helfen können. Vermutlich war es Bauchspeicheldrüsenkrebs gewesen. Sie fragt nun, ob Paula zur Trauerfeier gehen möchte.

Paula muss es sich noch in Ruhe überlegen, sie ist unschlüssig. Schließlich hatten Jan und sie die ganzen Jahre keinen Kontakt mehr.

Erst einmal möchte sie Jasmin und Karina von den Geschehnissen unterrichten. Beide sind geschockt und Paula ist froh, ihnen bereits neulich ihre geistigen Erlebnisse geschildert zu haben. Sonst hätte sie es selbst nicht geglaubt.

Eine knappe Woche später weiß Paula plötzlich von einer Sekunde auf die andere: Ich gehe zu dieser Trauerfeier! Sie gibt Marie Bescheid und die beiden beschließen, zusammen dorthin zu fahren. Dann kann Paula auch endlich einmal

Max kennenlernen. Paula hat nun die Idee, dass sie nach der Trauerfeier doch alle zusammen bei ihr zu Hause Kaffee trinken könnten. Marie findet die Idee gut und schickt Max eine SMS. Auch seine Antwort ist positiv und somit beschlossene Sache.

Alexander, der inzwischen wieder in der Stadt ist, wundert sich über die Ereignisse. Da er Max schon lange nicht mehr gesehen hat, fragt er Paula, ob er auch zu dem anschließenden Kaffeetrinken kommen könne. Max weiß ja noch nicht, dass Paula und Alexander sich kennen und so beschließen die beiden, ihn einfach damit zu überraschen.

An den restlichen Tagen bis zu Jans Beerdigung fühlt Paula sich schwach und irgendwie depressiv.

Anastares tröstet aus der Sternenheimat. Sie erklärt, dass Paula und einige andere inkarnierte Seelen ein riesiges Energiefeld um Jans Seele ziehen. Die dunklen Astralwesen, die seiner Seele gerne habhaft werden würden, bekommen nun dank der gemeinschaftlichen Hilfe keine Chance mehr dazu. Und Jans Seele in dem erschaffenen Lichtkokon kann sich auf diese Weise ungefährdet überall von Freunden und Familie verabschieden, bis sie dann nach der Trauerfeier hoffentlich in den Lichttunnel gehen würde. Paula versteht und nimmt dieses Unwohlsein nun gerne in Kauf. Sie spürt Jans Seele, nimmt sie anfangs als unsicher, schockiert und irgendwie hilflos wahr. Das ändert sich aber von Tag zu Tag, die Energie wird wieder lebendiger und lichtvoller.

Am Tag vor der Trauerfeier bekommt Paula Besuch von Alexander. Als er wieder gehen muss, vertraut Paula ihm an: „Du, es ist schon komisch. Ich habe eine Freude in mir. Ein

Gefühl, als ginge ich morgen nicht zu einer Trauerfeier, sondern zum Kindergeburtstag. Verrückt, oder?"

Alexander lächelt und sagt: „Wer weiß was da alles passiert. Wir sehen uns dann ja, ich freue mich schon auf Max' Gesicht. Ruf mich an, sobald ihr vom Friedhof losfahrt, ich komme dann zu dir."

Paula verbringt den Abend in dieser merkwürdig fröhlichen Stimmung. Sie spürt auch Jans Seele noch stark, die ebenfalls fröhlich und gelöst wirkt.

Abschied und Neubeginn

Morgen

Spürst du es auch?
Es ist schon da.
So neu, so unbekannt, so frei,
ganz zaghaft noch, nicht zu erklär'n.
und doch so wahr ...
so leicht.

Schau, dort ist das vertraute Grau,
verloren fast und weich.
Ein Tränenmeer aus Mitgefühl,
war es doch dein Zuhaus',
um nun den Rücken ihm zu kehr'n,
leb wohl du Grau, leb' wohl.

Die neue Melodie in dir,
sie ist so fremd und schön,
fließt in ein neues Farbenmeer,
in Gold und Purpur, ohne Grau.
Noch einmal geht dein Blick zurück,
ein letzter Schmerz, leb' wohl.

Die neue Tür lässt Licht herein,
durch einen kleinen Spalt.
Dahinter diese Melodie,
so fremd und doch vertraut.
Blätter rauschen, Blumen blüh'n
im Frieden ihrer Zeit.

Und morgen schon,
vielleicht ganz früh,
da öffnest du die Tür,
weil hinterm Nebelschleier wohl,
aus Tau und Sonnenlicht gewebt,
das Neue lächelnd sich erhebt.

Mit diesem Gedicht in Gedanken an Jan erlebt Paula den Morgen. Ihr ist beim Schreiben so feierlich zumute und diese fast schon heilige Stimmung bleibt bestehen. Am frühen Nachmittag wird die Trauerfeier stattfinden.

Jans Seele ist heute weit weg, sie fühlt ihn nur schwach. Sicherlich nimmt er bereits überall Abschied. Paula räumt die Wohnung auf, bereitet den Kaffeetisch vor und pflückt draußen begleitet von Mr. Darcy einen Wildblumenstrauß.

Alles soll schön werden. Einen Kuchen hatte sie bereits am Abend vorher gebacken und auf ihrem Schreibtisch liegt ausgedruckt die gestern diktierte Botschaft von den Sternengeschwistern, die sie später beim Kaffee vorlesen soll. Wie Max wohl darauf reagieren wird? Sie kann es nicht einschätzen, schließlich kennt sie ihn gar nicht. So arbeitet der Verstand, aber ihr Gefühl ist und bleibt sehr positiv.

Dann ist es soweit. Marie holt Paula mit dem Auto ab und sie fahren zum Friedhof. Als sie das Foyer der großen Trauerhalle betreten, sind dort bereits sehr viele wartende Menschen anwesend. Marie deutet unauffällig zur Treppe: „Da ist Max."

Er steht zwischen drei Frauen. Paula schaut ihn an und muss lächeln. Es fühlt sich an, als würde sie nach vielen Jahren plötzlich einen verlorenen Bruder wiederfinden. Marie geht auf Max zu und stellt Paula vor. Die Stimmung ist trotz des traurigen Anlasses irgendwie gelöst, vertraut und gar nicht fremd. Auch die drei Frauen sind sehr nett und schnell kommt eine leise Unterhaltung ins Fließen. Eine der Frauen heißt Anna, sie ist die Freundin von Max. „Möchtest du im Anschluss an die Trauerfeier auch bei dem gemeinsamen Kaffeetrinken dabei sein?", flüstert Paula Anna zu, denn die Tür zur Trauerhalle geht gerade auf. „Du bist herzlich eingeladen." Anna nickt zustimmend. Gemeinsam betreten sie nun die geschmückte Feierhalle.

Max lächelt Paula an: „Na, wo ist Jan gerade?"

Paula schaut sich um und flüstert zurück: „Na da vorne bei seinem Bild."

Max freut sich, dass Paula ihn auch sieht. Dann meint er:

„Pass mal auf, was passiert, wenn du vor seinem Bild stehst."

Nacheinander gehen nun alle Anwesenden nach vorne, um sich vor Jans Bild kurz zu verabschieden, Blumen niederzulegen und den Eltern ihr Beileid auszudrücken. Bald steht auch Paula mit einer weißen Rose vor dem Bild und kann nicht traurig sein. In ihr ist eine so fröhliche Stimmung, dass es ihr fast peinlich ist. Dann hört sie innerlich das Lachen von Jan und er sagt in ihre Gedanken: „Alles klar auf der Andrea Doria?"

Paula wird schwindelig vor unterdrücktem Lachen. Dieses Udo Lindenberg-Zitat hatte er ihr früher immer auf den Anrufbeantworter gesprochen. Schnell legt sie die Rose ab und dreht sich um. Der Anblick seiner trauernden, wie eingefroren wirkenden alten Eltern, treibt ihr dann doch die Tränen tiefen Mitgefühls in die Augen und sie drückt beiden still die Hand. Die Feierstunde vergeht schnell. Max und auch Paula beobachten Jan, wie er von einem zum anderen wandert, Abschied nimmt. Eine Frau weint plötzlich laut auf. Jan ist mitten durch sie hindurchgegangen. Ob sie es wohl gespürt hat?

Später auf dem Parkplatz reden Max und Anna noch kurz mit anderen, ebenfalls spirituellen Trauergästen und tauschen sich aus. Dann machen sich die Vier auf den Weg zu Paulas Wohnung. Im Auto von Marie benachrichtigt Paula, wie verabredet, Alexander.

Mr. Darcy dreht völlig durch und bellt sich fast heiser, als sie in der Wohnung ankommen. So viel fremden Besuch ist er nicht mehr gewöhnt. Max und Anna macht das nichts aus, die Stimmung ist von Anfang an gelöst und seltsam vertraut, als würde man sich schon über Jahre kennen.

Als dann noch Alexander als Überraschungsgast auftaucht,

ist die Verblüffung von Max groß. Beide Männer freuen sich sehr über das Zusammentreffen. Bei Kaffee und Kuchen ist die Runde nun sehr lebhaft. Es wird natürlich viel von Jan erzählt. Paula berichtet über ihre Erlebnisse mit den Astralwesen und die Geschichte auf der Rolltreppe.

Max erzählt einiges aus den gemeinsamen Zeiten mit Jan, sodass sich nach und nach ein Bild des Ganzen zusammensetzt.

Die Zeit vergeht so schnell, Alexander muss wieder los zu einem Termin.

Er klopft Max liebevoll auf die Schulter, drückt den anderen Gästen verabschiedend die Hand und umarmt Paula. „Am liebsten würde ich noch bleiben", flüstert er ihr ins Ohr. „Es ist so eine schöne lebhafte Runde. Schade, dass ich schon los muss."

Nachdem Paula ihn zur Tür gebracht hat, sitzt sie weiterhin mit Marie, Anna und Max zusammen, sie sind sich alle unglaublich sympathisch und dankbar für diese Begegnung. Max renkt Paula zu späterer Stunde sogar gleich einen verschobenen Wirbel ein und Paula ist von seinem Können begeistert. Er ist nicht nur ein guter Osteopath, er kann auch in Organe schauen, sieht die Ursachen für diverse Körperprobleme und ist ein wahres Anatomiewunder. Er kennt jeden Nerv oder Muskel genau beim Namen und sieht die Zusammenhänge.

Max ist von Paulas medialen Fähigkeiten genauso begeistert und die beiden freuen sich wie kleine Kinder über ihr Kennenlernen. Paula mag auch Anna, die wie ein ruhender Pol zwischen ihnen sitzt und Herzenswärme ausstrahlt. Lustig sagt sie von sich selbst, dass sie für Max ein Anker ist, damit er nicht wegfliegt. Dieser Tag wird nun der Beginn einer wundervollen Freundschaft.

Plötzlich fällt Paula die Botschaft ein, die sie ja vorlesen soll. Schnell holt sie den Zettel und beginnt zu lesen:

Warum ihr heute hier seid ...

Ich bin Anastares, Schwester und Vertraute von Altair. Paula arbeitet schon längere Zeit mit mir, aber jetzt möchte ich auch zu euch sprechen, die ihr auf so fügungsreiche Art heute zusammensitzt.

Es ist immer wieder ein Mysterium für euch alle, wenn jemand auf so drastische Art aus dem Leben geht, der doch für sich den spirituellen Weg gewählt hatte. Eure Seelen und auch die von Jan sind hier auf Altair im Ursprung zu Hause und ihr werdet auch wieder hierher zurückkehren, wenn Eure irdische Inkarnation beendet ist. Deshalb solltet ihr euch auch treffen, da die Verbindung ein Stück Heimatgefühl schenken darf.

Doch nun zu Jan. Er ist seit dem Donnerstag nach seinem körperlichen Tod im Energiefeld von Paula, sie wird es euch erzählen oder tat dies schon, von ihrem Erleben und der Wahrnehmung auf der Rolltreppe. Eure Seelen und Eure Energie helfen ihr, dieses Energiefeld zu halten, ohne dass es ihr selbst schadet. Danke dafür.

Das Feld durfte sich so weit ausdehnen, dass Jan sich bis zur heutigen Trauerfeier von Eltern und Freunden verabschieden konnte. Warum dieses Energiefeld? Warum Paula? Warum jetzt ihr? Warum Alexander, der Jan gar nicht persönlich kannte?

Die Fäden wurden gezogen, verknüpft und auf Seelenebene verwoben. Jan hatte in seinem Leben den großen Wunsch, als Lichtarbeiter zu wirken, nur Gutes zu tun. Doch im Hintergrund hat er das Dunkle extrem verneint, abgelehnt, tief in sich begraben. Und wie alle abgespaltenen Teile, machten diese sich selbständig.

Wer nicht in die Tiefe der Dunkelheit tauchen will, obwohl es sein Plan ist, der zieht sie ganz besonders an. So funktioniert Resonanz. Es war genauso sein Weg, er hat gedient für das große Ganze, wie auch ihr es auf Eure Weise tut. Es war ein Weg von vielen. Ich möchte nicht ins Detail gehen, es hat nichts mit Fehlern oder Schuld zu tun. Paula kennt die dunklen Wesen, die Jan anzog zur Genüge, sie wurden mit den Jahre immer mächtiger. Ihre Tochter konnte sie sehen und beschreiben. Selbst der Kontaktabbruch damals zu Jan, aus Angst und Verzweiflung, brachte nichts. Es war auch genauso Paulas Thema, sich der Dunkelheit zu stellen und sie in sich zu integrieren, denn nur so kann etwas GANZ sein, besonders die Lichtarbeit. Dies wurde in der Zeit in Bayern zur härtesten Prüfung.

Seit zwei Wochen ist nun in Paula so viel Liebe und innere Vergebung geschehen, sie hat erkannt, was dahinter für ein großes Lernpotential sowie ein Seelenvertrag mit Jan und genauso mit euch steht. Ihr könnt darüber bei Interesse selbst noch genauer reden, es wird nach Jans Erholungsphase auch wieder medialen Kontakt zu ihm geben, was alles noch viel klarer machen kann.

Max, du hast genau wie Paula, in Jan einen Lehrer gesehen, mit einem unglaublich faszinierenden Wissen. Doch es ging nur sekundär um dieses Wissen, sondern um eigenes inneres Erkennen. Dafür stellte Jan sich zur Verfügung, damit IHR EUCH SELBST erkennt! Tauscht euch einmal in Ruhe darüber aus, es wird euch beiden helfen in der Tiefe zu verstehen.

Das Energiefeld, das ihr alle unterstützt, ist notwendig, um die dunklen Wesen fern zu halten und in ihre Schranken zu weisen. Da hat Paula bereits viel gearbeitet. Es ist ihre Aufgabe, als Mittler und Wächter zu dienen, um die sie auch weiß. Dass sie diese Aufgabe überhaupt erkannte, durfte durch Jan geschehen. Deshalb blieb eine gewisse Resonanz über all die Jahre bestehen, wenn auch nicht mehr in direktem Kontakt. Die Prüfungen waren hart, aber das musste sein, denn nur so geschieht wahres Wachstum und auch die Ausdauer sich so einer Aufgabe zu stellen.

Marie, Alexander, vielleicht fragt ihr euch, was ihr damit zu tun habt. Ich möchte es euch erklären. Ihr seid wie Kontaktstellen, Funken, die Ströme verbinden und zum Fließen bringen. Ihr habt die Vernetzung gehalten, Impulse gesetzt und durch Eure jeweiligen Verbindungen zu Paula und Max den energetischen Kontakt wie ein kleines Netzwerk aufrechterhalten, besonders in der letzten Lebenszeit von Jan und kurz danach.

Lieber Max, du hättest ihm nicht helfen können, denn seine Seele hatte beschlossen zu gehen. Dennoch warst du sehr viel für ihn, Freund und auch Energiespender. Denn sein Energieverlust war bereits seit längerer Zeit extrem. Er war schon zu dem Zeitpunkt geschwächt, als ihr euch *kennenlerntet. Du hast ihm also doch geholfen, wenn auch anders als du es dir vielleicht gewünscht hättest. Erkenne bitte dein eigenes Potential, mache dich nicht klein. Du brauchst keine starren Konzepte und Methoden von außen. Alles ist in dir. Intuition, Heilkraft, die Fähigkeit zu erkennen und das direkt aus der Quelle. Wozu Umwege, wenn du direkt angebunden bist?*

Dass ihr heute nach der Trauerfeier zusammensitzt, wird Jan dank eurer gebündelten Energie sehr helfen. Vielleicht habt ihr ja Freude daran, Jan nun in den Lichttunnel zu begleiten. Ansonsten wird Paula es heute Abend tun. Es ist Euer freier Wille, Eure Entscheidung.

Seid froh über Euer Zusammentreffen heute. Vielleicht würde es euch auch in Zukunft gut tun, ab und an in gemütlichem Rahmen zusammenzufinden, für Austausch und spirituelle Arbeit. Das sei euch aber selbst überlassen.

In Liebe sprach Anastares von Altair.

Tief berührt hören die drei Menschen Paula zu. Natürlich möchten sie alle gerne mithelfen, Jan ins Licht zu schicken. Paula zündet eine Kerze an.

Jan ist bereits sehr präsent im Raum, als hätte er gewartet. Anfangs steht er hinter Max, bedankt sich bei ihm für die Freundschaft. Dann geht er zu Anna und streichelt ihr sanft übers Haar: „Pass' gut auf ihn auf!"

Auch von Marie verabschiedet er sich liebevoll. Dann verspricht Jan, dass er sich nach einer Erholungsphase auf mediale Weise wieder melden wird.

Zu Paula sagt er leise: „Verzeih' mir."

Sie weint, macht dann ihren Anschluss zum Lichttunnel auf und schon ist Jan fort. Max sieht deutlich, wie er in einer unglaublichen Geschwindigkeit den Tunnel passiert und verschwindet. Stille, Liebe und das tiefe Gefühl der Vergebung herrschen jetzt im Raum, die vier Menschen sind gerührt, Tränen fließen.

Noch bis weit nach Mitternacht sitzen sie zusammen. In der Gewissheit, dass etwas Schönes und Neues durch ihre so himmlisch verwobene und geführte neue Verbindung entstehen wird, ein Geschenk von Jan und dem Schicksal.

Zurück ins Leben
Zeitlos

In den folgenden Wochen bekommt Paula einen Vorgeschmack auf Zeitlosigkeit. Sie kann nicht beschreiben, ob die Zeit langsam oder schnell vergeht. Es fühlt sich an, als wäre die Zeit regelrecht aufgehoben und alle neuen Ereignisse und Begegnungen tanzen in einem unendlichen Moment. Nur anhand des Kalenders wird Paula die Zeit überhaupt noch bewusst. An den Samstagen sitzt sie mit Max, Anna und ihrer Tochter Jasmin zusammen. Lächelnd denkt sie an ihren so gut ausformulierten Wunsch nach Freunden, die wie eine Familie zusammenhalten. Er wurde erfüllt. Max und Anna erfreuen ihr Herz, wenn sie am Samstagnachmittag mit einem Korb voller Leckereien und ihren Hausschuhen in Paulas Heim eintreffen. Selbst Mr. Darcy verkürzt inzwischen seine Bell-Zeit und begrüßt sie schwanzwedelnd und vertraut. Manchmal sitzen sie alle sogar bis Mitternacht zusammen, nie wird es zu viel. Gemeinsam vertiefen sich ihre energetischen Fähigkeiten und oft kommt Besuch aus der geistigen Welt. Von den Elohim und auch von ihren Altair-Sternengeschwistern. Jasmins Hellsichtigkeit wächst durch die Potenzierung ihrer Energien noch mehr und schon bald hört auch sie die Botschaften der geistigen

Welt, ähnlich wie Paula. Diese sitzt dann stolz und entspannt neben ihrem erwachsenen Kind. Welche Freude ist es, Jasmin so zu erleben. In der Welt draußen hat Jasmin so oft zu kämpfen. Ihre Arbeit als Friseurin und die dazugehörigen Kunden sind so manches Mal nicht leicht für sie zu ertragen. Doch hier in dieser Runde fühlt sie sich gesehen, in ihrem Potential, ihrem wahren Wesen. Hier wird sie geachtet.

Das vierblättrige Kleeblatt ergänzt sich auf wundersame Weise und bald schon beschließen Max und Paula, gemeinsam zu arbeiten. Max kommt manchmal nur sehr schwierig an die körperlichen Probleme seiner Patienten heran, wenn sich ein emotionaler Stau oder Fremdeinflüsse auf Energie-Ebene bemerkbar machen. Paula kann in diesen Fällen wunderbar mittels den Clearings helfen. Wenn alle Fremdeinflüsse beseitigt sind, kann der Körper die manuellen Therapien viel besser annehmen und dann auch heilen. So schickt Max diese Patienten also erst zu Paula. Ihr Terminkalender wird schnell so voll, dass sie es manchmal kaum glauben kann. Zu ihr kommen nun bewusste, offene Menschen, die sich hocherfreut über Paulas Methode der Abhilfe zeigen und sie dann sogar weiterempfehlen. Wenn diese Menschen dann den nächsten Termin bei Max wahrnehmen, kann auch er viel intensiver arbeiten und die Probleme auf Körperebene leichter beheben.

„Alles, was bewusst gemacht und bearbeitet wird, darf auch gehen", sagt Paula oft und das erweist sich als Wahrheit.

Ihre Arbeit verfeinert sich immer mehr, Neues und mehr Details zeigen sich. Neben den Elohim-Engeln, die ihr ja vorher schon geholfen hatten, melden sich auch astrale Wesen, die sich die zwölf Wächter der Schatten nennen. Diese schenken ihr einen zweiten Tunnelanschluss, nämlich eine Verbindung zum Astraltunnel, in den sie die Flüche und dunklen Energien ableiten kann.

Paula lernt viel von den Schattenwächtern, in erster Linie aber Achtung, Respekt und die Akzeptanz des Daseins dieser Existenzen. In der Polarität haben sie die gleiche Berechtigung wie die Lichtwesen und ebenso feste Aufgaben im Gefüge des großen Ganzen. Paula verliert die Angst vor diesen Wesen und durch den Respekt, den sie ihnen zollt, wird auch sie respektiert und geachtet, in ihrer Arbeit auf hilfreiche Weise unterstützt.

Auf irdischer Ebene entstehen ständig neue Kontakte und Freundschaften, als würde eine unsichtbare Hand die Vier gemeinsam und auch einzeln mit anderen Menschen vernetzen. Und das ist es auch was sie sich wünschen: Ein ganzheitliches Netzwerk in ihrer Heimatstadt Schwerin, mit vielen unterschiedlichen Fähigkeiten. Bewusst, ohne Konkurrenzkampf und mit gegenseitiger Achtung. In der scheinbar kurzen Zeit passiert immens viel in dieser Ausrichtung.

Paula ist glücklich, dankbar und lebendig wie schon seit einer Ewigkeit nicht mehr. Ihre Kraft und Energie scheint unerschöpflich. Damit löst sich auch die Angst, zu schnell überfordert zu sein, sobald das Leben wiederkehrt.

Abends denkt sie oft an Alexander, fühlt seine Stille und kann sich einfach nur für ihn und auch für sich selbst freuen. Wenn er aus dem Meditationszentrum zurückkehrt, gibt es mit Sicherheit von beiden Seiten so einiges zu berichten.

Nur noch selten bahnen sich Zweifel den Weg und wenn,

dann kam es durch die Angst, dass all das Schöne wieder versickern und enden könnte. Doch die Realität widerlegt diese Ängste und so entspannt sich Paula mit der Zeit und dem immer noch randvollen Terminkalender. Durch den finanziellen Verdienst kann sie sich auch endlich wieder einmal Dinge gönnen, die ihr Herz erfreuen. Vor allem neue Kleidung wird nötig, denn Paula hat mühelos zehn Kilo abgenommen und fühlt sich in ihrem Körper so wohl wie noch nie. Alexander, der sich mit Ernährungswissenschaften und Sport gut auskennt, hatte ihr mit vielen Tipps geholfen. Paula selbst hatte ja bereits im Frühjahr angefangen, täglich einen Liter selbstgemachte grüne Smoothies zu trinken. Süßigkeiten lässt sie nun fast ganz weg und so geht es leicht, ohne das Gefühl von Mangel oder Verzicht. Als die Waage eines Morgens sechzig Kilo anzeigt, laufen ihr vor Freude die Tränen und sie kauft sich am Nachmittag ein knallbuntes, enges Kleid, um ihrer Freude Ausdruck zu verleihen.

So verfliegen die Wochen und eines Tages kommt auch die erste Mail von Alexander als Lebenszeichen. In ein paar Tagen wird er wieder zu Hause sein. Paula freut sich so sehr. Doch vorher findet noch eins der Samstagstreffen statt und dafür hat Anastares ihr und Karina die zwölf Gesetze von Altair diktiert, während sie eines Tages wie gewohnt telefonierten. Paula brennt darauf, auch Max und Anna diese wunderbaren Gesetze weiter zu vermitteln.

Und so geschieht es auch am Samstagabend, in feierlicher Stimmung, bei Kerzenlicht und mit der Energie ihrer anwesenden Sternengeschwister. Paula liest:

Die zwölf Gesetze von Altair

1. Das Gesetz des Ausgleiches
Minus und Plus verschmelzen zu einem Pol in der Kraft der Zeitlosigkeit. Sie heben sich gegenseitig auf in der planetarischen Liebe. Auf der Erde geschieht dies durch inkarnierte Sternenmenschen von Altair. Sie haben die Kraft dies zu vollziehen. Für einen irdischen Moment hebt ihr in Euren Herzen die Zeit auf, bewusst! Der Mensch, Euer Gegenüber spürt dies und kann in sich etwas in Gang setzen, sofern er offen ist. Es geht dabei immer um Ausgleich, das heißt, er gleicht polare, ihn in seinem Fluss störende Dinge, dadurch aus. Konzentriert euch also einen Moment lang bewusst auf eurer Herz und die Zeitlosigkeit und verbindet euch gleichzeitig mit diesem anderen Menschen. Schaut, was passiert.

2. Das Gesetz des Friedens
Frieden ist das Elixier für eine reine Gesinnung im Dienst des Großen und Ganzen.

3. Das Gesetz der Impulse
Impulse dienen deiner Bestimmung, damit du sie leben und atmen kannst.

4. Das Gesetz der Akzeptanz
Indem du akzeptierst, was ist, veränderst du dein Feld und gibst neue Informationen der Freiheit

hinein. Akzeptanz ist der Motor der Veränderung. Diese Veränderung schafft dauerhaften Frieden, weil sie beständig ist.

5. *Das Gesetz der Kraft*
Anziehung wird verstärkt durch die Kraft. Die Kraft verstärkt die Anziehung. Anziehung und Kraft gehören zusammen. Die Kraft wird getragen von Altair in die Materie der Erde, denn so wird sie manifest. Die Erde strömt sie in Eure Körper. So ist der Weg!

6. *Das Gesetz der Selbstliebe*
Indem du dich selbst siehst, annimmst und das liebst, was du siehst, fühlst und denkst, bist du nicht nur zentriert, sondern auch in der Schwingung der reinen Christusliebe. Denn nur so kannst du auch andere bedingungslos lieben.

7. *Das Gesetz der Wellen*
Elektromagnetische Wellen in gesunder radioaktiver Form werden durch euch übertragen. So legt sich das energetische, elektrische Feld von Altair wie eine Matrix um die Erde. So manifestiert ihr Eure Heimat in die Erdebene und heilt sie damit ein Stück weit.

8. *Das Gesetz der Wärme*
Die Wärme eurer Herzen legt sich wie ein schönes Band um alles, was sich öffnet. Alle Wesen, die

offen sind, werden dies spüren und euch von Herzen annehmen.

9. Das Gesetz der Vergebung
Wenn ihr vergebt, alles, was menschlich ist, dann entsteht ein Feld aus Liebe. Diese Liebe schenkt dem Menschen, dem ihr vergebt ein riesiges Entwicklungspotential. Er kann sein Herz öffnen und sich vollkommen angenommen fühlen.

10. Das Gesetz des Loslassens
Was ihr loslasst, kommt in neuer Form wieder zu euch zurück, um zu bleiben. Niemals kann etwas im Universum verloren gehen. Seid gewiss, dass dies so ist!

11. Das Gesetz der Wunder
Wunder entstehen durch Loslassen und die Kraft eurer Herzenswünsche. Wenn ihr dies beherzigt, wird Euer Leben ein einziges Wunder sein. So wächst Dankbarkeit und zieht immer weitere Wunder an.

12. Das Gesetz der Freiheit
Nur das, was frei ist, kann wachsen. Was wächst wird nur in Freiheit existieren und sich entwickeln können. Freiheit ist die Essenz allen Wachstums. Wenn ihr frei seid und frei lasst, wird alles gedeihen, was ihr anfasst.

Der Sommer hat endgültig Einzug gehalten, an manchen Tagen steigt das Thermometer auf über dreißig Grad. Paula und Karina vertragen diese Hitze nicht und beklagen sich darüber in ihren Telefonaten. Aber es gibt auch Freudiges. Die beiden Frauen hatten vor einigen Tagen noch einen weiteren Text empfangen. An dieser Botschaft lässt Paula auch Max und Anna teilhaben, nachdem sie am folgenden Samstag schwitzend und ebenfalls über die Hitze schimpfend, bei ihr eintreffen. Mit kühlen Getränken in der Hand hören sie Paula gerührt zu und fühlen die Erinnerung. Die Erinnerung an die Wahrheit über ihren Heimatstern, über Altair. Und künftig werden sie dessen Energie noch bewusster hier auf der Erde leben können, durch eine Ausrichtung auf die Gesetze und die Kraft der inneren Wahrheit.

Anastares spricht

Liebes,
die nun folgenden Informationen sind für dich und Karina, aber ebenso für die anderen Altair-Geschwister auf der Erde gedacht, die sich bisher in deinem Umfeld zeigten. Schicke den Text also weiter oder lies ihn vor. Ihr alle bekamt mit dem Einverständnis eurer Seelen einen Magneten ins spirituelle Herz integriert. Dieser wird nun verstärkt Menschen anziehen, die ebenfalls von Altair stammen. Es werden Menschen unterschiedlichster Bewusstseinsstufen sein, einige seht und bemerkt ihr nur einmal, andere bleiben und sind offen für euch. Es geht hauptsächlich um

eine Vernetzung auf Seelenebene, nicht darum, eine Kirche zu gründen. Diese Vernetzung bewirkt, dass ihr seelisch mehr verbunden seid, die Informationen besser fließen und somit die Schönheit der Energie von Altair immer mehr auf der Erde verteilt und verankert wird. Dadurch wird die Energie der bedingungslosen Liebe auf der Erde um ein Vielfaches angehoben. Ihr seid die Werkzeuge dafür durch Eure jetzige Verkörperung. Sananda wird euch in der kommenden Zeit weiterhin als euer Meister anleiten und auch wir hier von Altair.

Weiterhin diktiere ich nun einen Text, der euch die Erinnerung zurückbringen darf an Eure einstige Heimat, die es eines Tages auch wieder sein wird.

Dreißigtausend Meilen in etwa beträgt der Durchmesser unseres Sterns in irdischer Messbarkeit, um es euch zu verdeutlichen. Es ist ein ätherischer, kugelförmiger Stern, das heißt, eine Blaupause des für euch astronomisch sichtbaren und scheinbar unbewohnten Altair-Sternensystems. Der Stern bewegt sich in Abhängigkeit von anderen Energien im Universum, er gleicht sich immer wieder an und aus, damit Altair dann immer die gleiche Energie abstrahlt nach außen. Der Stern besteht aus farbigen Energiebahnen unterschiedlicher Länge, die immer wieder miteinander ausgeglichen werden, um ein bestimmtes Energielevel zu erzeugen, welches dann wieder abgestrahlt wird. Die einzelnen Areale haben nach geistigen Gesetzen eine bestimmte Aufgabe. Diese Gesetze sind anders als auf der Erde, aber für euch verständlich. Sie folgen später für Eure Verwendung. Der Farbkontrast des Sterns von außen schimmert in diversen verschiedenen Blau- bis Türkis-Tönen, durchwoben von Gold und ein wenig Purpurrot. Der ganze Stern strahlt also in leuchtenden Farben. Wer jetzt Lust bekommt zu malen, sehr gerne. Die Inspiration wird fließen. Auch wenn die Farben im irdischen System nicht so leuchtend sein können wie unsere Realität.

Auch jede Seele von Altair hat ein spezifisches Farbspektrum. Wie ein Samenkorn zeigt es die Identität von Altair. Darüber erkennt ihr euch, es verursacht die Resonanz. Wenn ihr ins Herz spürt, hört ihr in der Begegnung mit einem Menschen sofort ein Ja oder Nein, ob dieser von Altair stammt. Die Information darüber ist aber nicht so wichtig, sondern die spürbare Seelenvernetzung und die findet dann in jedem Falle statt. Um das Samenkorn herum gibt es noch weitere, dann aber individuelle Farbanordnungen, die sich perfekt ergänzen. Potentiale werden gebildet und gehen dann in Wartestellung. Sie sind wie ein Puzzleteil, um sich dann in ein größeres Potentialbild, eine Energiewolke einzufügen. Dafür müssen sich bestimmte Altair-Menschen treffen, die Bedingungen auf der Erde sind erst jetzt dafür geschaffen. Es fängt nun an, mit Menschen wie euch, ihr seid Pioniere und habt alle ein ähnlich geistiges Level, also die gleiche Bewusstseinsstufe.

Von jedem Altair-Menschen gehen ätherische Farbbänder aus dem Kronenchakra hin zu Altair. Sie sind wie eine Codierung, individuell wie ein genetischer Fingerabdruck der Menschen. Über die Farbbänder erreichen wir euch in verschiedener Form, wie z. B. über Träume, Worte, Impulse zum Malen und Musizieren. Wir sind ein sehr *feingeistiger Stern, alle Seelen sind sehr ästhetisch und kreativ in verschiedenster Art.*

Ein weiteres Merkmal außer den Farben sind Töne. Inspirierte Altair-Menschen auf der Erde hören sie und setzen sie um in hörbare Schwingungen, die Heilwirkung haben. Es gibt einen bestimmten Grundton, er entspricht dem Level der Energieabstrahlung des Sterns. Dieses Level ist so hoch, dass ihr nicht mit menschlichem Ohr hören könnt, sehr wohl aber als energetische Schwingung erkennt, die im Herzen wahrnehmbar ist, sofern man es bewusst möchte. Dieser Grundton ist bei allen Altair-Menschen gleich im Herzen. Die weiteren Tonfolgen sind wie bei den Farbbändern individuell, seht sie an als Lebensmelodie eines jeden Altair-Wesens. Diese Lebensmelodien passen wieder mit anderen zusammen, ergänzen sich, so wie auch mit den Farben. Ihr lebt auf der Erde das Prinzip von Altair. Bewusst oder unbewusst, das sei Eure Entscheidung. Die Gesetze dafür habt ihr erhalten. Das erste Gesetz, das Gesetz des Ausgleiches hat oberste Priorität, egal worum es geht, ob Situationen oder Menschen. Es ist notwendig um das Energielevel zu halten. Ihr werdet es noch in Eurem Leben begreifen und erklären können, wenn ihr es bewusst vollzieht.

Die zwölf Gesetze verändern euer Sehen noch einmal und ihr könnt es auch im Irdischen besser mit der Metaphysik erklären.

Unser aller Stern darf noch mehr strahlen, wenn ihr ihn auf der Erde verankert und belebt durch Euer Dasein. Eure Bewusstheit verstärkt die Energien und überträgt sie auch auf andere Altairseelen, die diese Bewusstheit auf der Erde nicht gewählt haben. Sie werden es nicht bewusst spüren, aber dennoch vollziehen sich gewisse energetische Prozesse. Ihr braucht dafür nicht unbedingt etwas tun oder sagen, ihr spürt genau, wem ihr etwas erzählen könnt und wem nicht.

Sananda als Euer Meister ist in seiner Energie immer mit euch, genauso wie wir. Und damit die bedingungslose Liebe in den Farben und Tönen von Altair. Ansteckend wie Eure Kinderkrankheiten und es gibt keinen Impfstoff dagegen. Ja, auch Humor ist ein wichtiger Aspekt unseres Sterns.

Lacht und freut euch des Lebens und genießt Euer Sein!

Anastares sprach!

Entwicklungen

Nach diesem Wochenende kehrt Alexander zurück. Paula und er haben sich einiges zu erzählen. So vieles ist geschehen, bei ihm hauptsächlich im Inneren, bei Paula im Außen. Für Alexander ist es sicher nicht leicht jetzt, nach der langen Stille in den Alltag zurückzukehren. Paula staunt, wie bewusst er dennoch alles in Angriff nimmt. Sie treffen sich in der folgenden Zeit recht häufig.

Auch bei einigen Treffen mit Max, Anna und neuen Bekanntschaften ist Alexander nun manchmal mit dabei. Am meisten aber freut sich Paula, als er dann endlich ihre beste Freundin

Julia kennenlernt. Schließlich war sie die Ursache für ihre erste Begegnung. Es wurde ein fröhliches Beisammensein, auch Julias neuer Freund, sowie Max und Anna kamen dazu.

Zwischen Alexander und Paula hat sich in dieser letzten Zeit eine noch viel tiefere Vertrautheit und Wärme entwickelt. Die dagegen ernüchternde, kühle Distanz nach ihren Nächten verschwindet vollkommen und durch ein ganz neues, beidseitiges Freiheitsgefühl ist sie auch irgendwie unnötig geworden. Dennoch weiß Paula natürlich, dass ihre Zeit in dieser Beziehungsform begrenzt sein würde. Sie versucht, den bei diesen Gedanken aufkommenden Schmerz in Liebe zu verwandeln, die gemeinsamen Momente einfach zu genießen und Alexander danach immer wieder innerlich frei- und loszulassen. Das ist anstrengend, aber sie weiß, dass es nur so funktionieren kann. Wenn er eines Tages die spezielle Frau finden würde, nach der er so traurig für eine feste Beziehung sucht, dann wünscht Paula sich, dies aushalten zu können. So, dass dann wenigstens eine rein platonische Freundschaft zwischen ihnen möglich wäre. Offen ist natürlich ebenso, wer ihr selbst noch über den Weg laufen würde. Auch diese Option kann sie nicht außer Acht lassen.

Paula ist froh über jede Ablenkung von solchen quälenden, angstbesetzten Zukunftsgedanken. Die Arbeit mit den Clearings verschafft ihr nun Gott sei Dank ständig schöne Begegnungen mit vielen Menschen. Immer wieder neu und anders zeigt sich diese Arbeit. Sie ist so verschieden wie die Menschen, die sich ihr anvertrauen. Ebenso erweitert sich der Freundeskreis stetig, und ohne jede Anstrengung geschehen einfach neue Verknüpfungen.

In dieser scheinbaren Zeitlosigkeit, in der gerade soviel Neues tanzt, lebt Paula nun mittendrin ihr Leben und wunderte sich darüber. Manchmal, in ruhigen Augenblicken vermisst sie Lukas sehr und grübelt traurig über seine momentane geistige Abwesenheit nach. Sie spürt ihn kaum noch. In einer solchen Stunde meldet sich Anastares in ihren Gedanken und tröstet, indem sie Paula erklärt, dass Lukas' Rückzug gut für ihre neuen Prozesse sei. Schon bald jedoch wird er sich wieder melden. Das beruhigt Paula etwas.

Eines Abends erscheint Anastares wieder und gibt ihr einfach nur eine Überschrift für ein Märchen durch. Paula lächelt und vermutet, dass es eine Art Beschäftigungstherapie von Anastares ist, um ihr die Wartezeit auf Lukas zu verkürzen. Aber nach einer Weile fängt sie doch an zu brennen, überlegt sich erst in groben Zügen den Inhalt des Märchens und sitzt bis weit nach Mitternacht an ihrem Laptop. So lange bis es fertig und zu ihrer Zufriedenheit ausformuliert ist. Noch in der Nacht schickt sie es per Mail an Julia, Anna und eine andere Freundin ab.

Die traurige Prinzessin und der Stern

Es war einmal ...
eine sehr traurige Prinzessin. Tagein tagaus saß sie einsam in ihrem Kämmerlein und sah durch das Fenster in die blühenden Gärten ihres Reiches. Aber sie durfte nie hinaus in das Leben. Sie musste lange, lange Jahre

in diesem Kämmerlein verharren. Es waren weder Fluch noch Willkür, die die Prinzessin zwangen, dort an diesem Ort gefesselt zu sein. Sie ganz alleine hatte es sich auferlegt, um etwas wiederzufinden, was sie verloren glaubte. Sich selbst.

Es gab keinen Menschen, der ihr helfen konnte. Diesen inneren Weg musste sie ganz alleine beschreiten. Und so geschah es auch. Tief nach innen führte der Weg der geschlossenen Augen, durch Labyrinthe, über Trümmerfelder, vorbei an Drachen und Dämonen. Viele neue Reiche entdeckte sie in ihrer Seelenlandschaft und jedes Mal tauchten mit ihnen Gefühle auf, die zwar vertraut erschienen, aber in neuer Intensität ihr Herz berührten.

Es war, als schriebe sie in dieser Zeit eine neue Lebensmelodie aus bekannten Noten. Manchmal gab ihr das tiefen Frieden. Dann entspannte sie sich, hoffte und träumte sich zurück ins Leben. Aber bereits am nächsten Tag ging es wieder hinein in Schlachtfelder und Krieg. Zweifel, Angst und Ohnmacht ließen die Prinzessin an ihrem Schicksal fast zugrunde gehen. Die Irrgärten in der Gefühlsreise auszuhalten und auf dem Weg zu bleiben war nicht leicht, aber ganz tief im Innersten gab es eine Stimme die ihr sagte, dass alles genau so richtig sei. Und diese leise Stimme war voller Liebe, sodass die Prinzessin ihr Glauben schenkte und dadurch stärker wurde.

In klaren Nächten sah sie oft aus dem Fenster zu einem besonderen Stern. Dieser sah anders aus als die anderen, hell leuchtend und von so einer bunten Farbenpracht, dass die Prinzessin weinen musste vor Rührung. Diesem Stern schenkte sie ihre ganze Sehnsucht, sie redete sich allen Kummer und ihre Einsamkeit von der Seele und spürte, dass ihre Worte ankamen. Der Stern schenkte ihr immer wieder neue leuchtende Farben, die sich erst in den Fenstern des Kämmerleins spiegelten und dann durch ihre Augen direkt in ihr Herz flossen. Und mit jedem Mal wurde ihr Herz leuchtender und glänzte in den Farben des Sterns.

Eines Nachts sprach der Stern zu ihr, es klang fast wie Musik: „Noch diese eine Nacht, Prinzessin, und dein Herz wird vollkommen erfüllt sein von meiner unendlichen Liebe, mit meinen Farben und Klängen. Dann darfst du hinaus, zurück ins Leben. Dann wird deine Liebe die Menschen verzaubern dürfen und sie daran erinnern, wer sie in Wirklichkeit sind: Liebe, die sich in allem spiegelt. Wenn Liebe sich spiegelt, ist sie zutiefst berührt von sich selbst, dann erkennt sie sich immer wieder aufs Neue, dann strömt sie frei und unendlich in das hinein, was lebt und atmet. Sie nimmt alles mit sich fort, was scheinbar nicht Liebe ist, solange bis es sich verwandelt und erkennt, dass es auch nur Liebe war und immer noch ist. Liebe, die eine Zeit lang Verstecken spielte. Prinzessin, es ist bald soweit. Schlaf nun, denn der Tag wird dich zurück ins Leben tragen."

Und ein letztes Mal sprudelte der Stern seine Farben und Klänge in das Herz der Prinzessin, bis es ganz und gar erfüllt war.

Lange noch lag die Prinzessin wach, aufgewühlt und doch so hoffnungsfroh, so neu lebendig, so voller Liebe. Ihr Herz klopfte laut und mit jedem Schlag sprudelten das

Licht, die Liebe und die Farben des Sterns in den Raum, erfüllten ihn und flossen wieder zurück in das Herz der Prinzessin. Wie in einem ewigen Kreislauf.

Dann schlief die Prinzessin lächelnd ein und als sie erwachte, schien die Morgensonne mit lustig tanzenden Funken in ihr Kämmerlein.

„Steh auf, Prinzessin!", sagte die Sonne. „Es ist Morgen geworden. Nimm auch von mir einige Strahlen in dein Herz und dann öffne die Tür. Geh hinaus und zeige dich. Glaube wieder an Wunder!"

Die Prinzessin tat wie ihr die Sonne geheißen. Sie öffnete die Tür, trat in den Garten und sah die Menschen, die auf sie warteten. Ein wenig ängstlich noch machte sie die ersten Schritte hinaus. Jedoch die Menschen schauten sie achtungsvoll und freundlich an, einige verneigten sich leicht und lächelten herzlich. Manche begleiteten sie sogar auf ihrem Weg. Dann kam die Prinzessin an einem Brunnen vorbei. Sie schaute in das klare Wasser, sah ihr Spiegelbild und erkannte sich selbst kaum wieder. Der Brunnen schickte eine kleine zarte Welle über ihr gespiegeltes Antlitz und sagte: „Prinzessin, einst verloren und klein, ab heute wirst du die Königin sein!"

Und sie verstand: Nur wer mutig in die dunkle Tiefe geschaut, wer gelernt hat auch das zu lieben, was den freien Fluss der Liebe verhindern will und wer sich untrennbar mit seinem Stern verbindet, um ihn zu spiegeln, der wird auch die Kraft bekommen, weise und voller Liebe sein Reich zu regieren.

So ging die Königin durch den blühenden Garten zu

ihrem Schloss und mit jedem Schritt, den sie seitdem tat, mit jedem Blick aus ihren Augen, verströmten sich die Liebe, die Farben und die Melodie des Sterns über ihr Reich, sowie über alle Menschen, die dort lebten. Immer weiter ging ihr Weg. Neue Erfahrungen, Begegnungen und Visionen verschmolzen mit der Liebe des Sterns in ihrem Herzen, sie ließen das Licht noch heller leuchten und spiegeln.

Und da sie nicht gestorben ist – denn Liebe ist unsterblich – regiert sie noch heute.

Vom Strom ins Meer
Pläne

STERNENTOR 1-3-7 AUF ALTAIR

Der Rat tagt wieder einmal in der großen Krypta. Amandar und Anastares leiten das Zusammentreffen. Lukas sitzt ein wenig verloren in der Runde der insgesamt 24 Sternengeschwister. Er vermisst seine Paula. Konnte er doch in letzter Zeit die Veränderungen ihres Lebens nur still beobachten. Natürlich versteht er, dass dies für Paulas weitere Entwicklung wichtig war, aber ihm fehlt die Verbindung zu ihr.

Amandar richtet nun das Wort an ihn: „Lieber Freund, ich denke, wir sind uns einig, dass dein medialer Kontakt zu Paula jetzt noch nicht wieder notwendig ist. Melde dich erst wieder bei ihr, wenn dieser nun folgende Prozess durchgestanden ist. Und hilf ihr auf stille Weise durch die letzten Wehen bis hin zur Geburt in die bedingungslose Liebe, zurück in die endgültige Unschuld. So wie es in ihrem Seelenplan verabredet wurde. Es ist soweit. Paula springt nun in den großen Strom des Vertrauens, der sie vollständig mitreißen wird, um sie ins Meer zurückzubringen. Den Schmerz des Sterbens hat sie durchwandert, nun gilt es noch die Schmerzen der Geburt anzunehmen und die damit verbundenen Einsichten."

Lukas nickt still, er ist sehr berührt von Amandars schönen Worten und in einer wunderbar heiligen Stimmung. Seine Paula. Was für ein Schritt. Und er wird sie begleiten. Ihr Leben, welches nun schon in den Anfängen der großen Veränderungen dahinfließt, wird noch einmal in einen gewaltigen Strom verwandelt. Wunder werden geschehen, persönliche und auch kollektive. Es wird schwer für Paula werden, dieses Geschehen als Wunder zu betrachten, sie wird noch einmal abtauchen müssen in die tiefste Dunkelheit, in die Einsamkeit des Geburtskanals, der sie zum wiederholten Male in eine Neugeburt führt.

Anastares ergreift nun das Wort: „Paulas *Umbauarbeiten* sind in voller Arbeit. Wenn das alles überstanden ist, wird sie auch wieder besser schlafen. Es werden in Erdenzeit viele Monate vergehen, eine sehr harte Prüfung für Paula, eine Entgiftung von allem, was ihre Seelenaufgabe noch blockiert. Es wird ein Gefühl des Sterbenwollens und Nichtkönnens sein. Das Gefühl, alles, aber auch alles, zu verlieren.

Alexander wird sie in der Zeit begleiten und daran selbst wachsen und reifen. Danach werden beide noch motivierter ihre Aufgaben angehen und das geplante große Netzwerk wird immer mehr Menschen in ihrer Umgebung anziehen. Paula ist der Magnet für sie. Das hat ihr Sananda inzwischen bereits medial vermittelt."

Lukas möchte nun auch etwas hinzufügen. „Danke Anastares und Amandar, ich bin sehr froh, dass ich Paula bald wieder begleiten kann. Es wird aufregend werden in der nächsten Zeit und ich hoffe sehr, dass Paula es schafft. Die Geburtswehen, wie du es so schön nanntest, setzen schon ein. Ich spüre Paulas Schmerz und ihre tiefe Traurigkeit oft ganz stark. Es hilft sicher, wenn ich während dieses Prozesses still bei ihr bin, auch wenn sie es nicht spüren wird. Ich kann ihr auf Seelenebene vermitteln, dass nach der Neugeburt ein freieres und glücklicheres Leben wartet, als sie es je erahnen konnte. Es ist wie eine Geburt, heraus aus der Polarität, um danach aber erlöst und viel leichter in dem gleichen, gewohnten Umfeld leben zu können. Durch die Fähigkeit zur Vergebung und bedingungslosen Liebe löst sich polares Denken zu einem Großteil auf und das inmitten einer polaren Welt. Was für eine Freisetzung von heilender Energie, die sich dann in Paulas Umfeld ausbreiten darf."

Lukas, der bei diesen Worten richtig in freudige Erregung gerät, setzt sich wieder.

Die anderen Mitglieder stimmen ihm soweit zu, Details werden geklärt und dann entlässt der Rat Lukas. Dieser geht und bereitet sich gründlich vor, damit er bald wieder für Paula da sein kann.

Ihr gemeinsamer Heimatstern erstrahlt gerade in den schönsten Farben und Lukas durchflutet eine so starke Liebe, die wahrscheinlich für das ganze Universum reichen würde.

„Paula, ich bin bei dir, auch wenn du mich in der nächsten Zeit nicht spüren wirst! Ich glaube fest an dich und die Kraft deiner Seelenstimme", ruft er in Richtung Erde.

Geburtsvorbereitungen

Auf der Erde zuckt Paula genau in diesem Moment leicht zusammen. Hat sie sich das nur eingebildet oder hörte sie tatsächlich Lukas lachen? Mitten im Supermarkt? Sie lauscht in sich hinein, versucht dann, ihn innerlich zu rufen. Es bleibt still.

O. K., denkt sie. *Vielleicht der falsche Ort. Oder ich habe schon Halluzinationen auf Grund von Lukas-Entzug.*

Sie trägt die Einkäufe nach Hause, fühlt plötzlich tiefe Traurigkeit in sich und auch ein Gefühl von Abschied. Ihr Verstand projiziert dies zuerst auf ihren geliebten Hund Mr. Darcy, dem es gesundheitlich gerade nicht allzu gut geht und der ohnehin in die Jahre kommt. Ob er gehen möchte? Paula krampft es das Herz zusammen. Ihr geliebter Gefährte … bitte noch nicht! Aber sie weiß natürlich um seine begrenzte Zeit und möchte auf keinen Fall, dass er sich quälen muss. Vielleicht kann Max am Wochenende heilerisch ein wenig für ihn tun. So überlegt sie und wird ein wenig zuversichtlicher. Aber die Abschiedsstimmung weicht nicht. Jetzt lenkt ihr Verstand sie auf Alexander um. Ob er sich womöglich schon innerlich von Paula verabschiedet? Nein, Blödsinn. Ihre letzte Begegnung war von so einer tiefen Verbundenheit und auch Freude geprägt. Das kann es auch nicht sein. Heute hören die Herzschmerzen wohl gar nicht mehr auf. Energisch wischt sie die angstmachenden Gedanken weg. Sananda hatte ihr und Alexander schließlich durchgegeben, dass es sich um eine wichtige Energieerhöhung handelt, die diese Gefühle noch einmal massiv an die Oberfläche holen würde. Paula strafft sich, ihr Leben ist doch endlich wieder schön. Es zeigt sich in einer Lebendigkeit, die sich viel feiner und doch intensiver als früher ausdrückt. Dankbarkeit durchflutet sie, wenn sie an all die Geschenke der letzten Wochen und Monate denkt. An die lieben neuen Freunde, sowie auch jene Menschen, denen sie mit ihrer Arbeit weiterhelfen kann. In knapp einem Monat wird das Kartendeck mit dem Buch für Trauernde von Karina und ihr herauskommen. Die Ausbildung für ihre Hospizarbeit kann fast zeitgleich auch endlich beginnen. Was für wunderbare Aussichten das sind. Paula sieht nun sehr positiv in ihre Zukunft.

Tod und Leben sind Eins

Wieder ist einige Zeit ins Land gegangen. Paula schaut auf den Kalender. Es ist tatsächlich schon Ende Oktober. Monate der Zufriedenheit, des prallen Lebens und einer neuen Bereicherung durch die ehrenamtliche Arbeit im Hospiz hatten Paula neu geprägt. Sie ahnt nicht, dass jetzt noch einmal etwas auf sie zukommen wird, welches sich als die härteste Prüfung in ihrer bisherigen spirituellen Entwicklung entpuppen könnte. Paula fühlt sich sicher. Doch dann wird ihr gerade gewonnenes Vertrauen in den Grundfesten erschüttert. Was mit leichteren Symptomen der Schlaflosigkeit beginnt, ufert nun plötzlich aus in tiefste Dunkelheit.

Paula schläft zwei Monate lang keine Nacht mehr. Herzrasen und Panikattacken schütteln sie am Tag und in der Nacht ohne Pause. Clearings kann sie in diesem Zustand natürlich nicht mehr anbieten und all das verstärkt ihre Angst noch mehr. Ihr

Hausarzt untersucht sie zwar, lässt Paula dann aber unbehandelt in der Schublade *Depression* verschwinden. Auch ganzheitliche Behandlungen bringen keinerlei Erfolg oder Erkenntnis darüber, was gerade in ihr geschieht. Diese Ungewissheit wird immer unerträglicher.

Paula muss erleben, wie sie sich selbst in keinster Weise mehr kontrollieren kann. Ihre Panik mündete fast in Wahn. Ausbrüche von stundenlangem lauten, krampfhaften Weinen erschöpfen sie zutiefst und dennoch gibt es keinen erholsamen Schlaf darauf. Dieser krasse Gegensatz zu dem gerade neugewonnen, schönen und prallen Leben lässt sie zutiefst verzweifeln und sämtliches Vertrauen verlieren.

Sie stürzt in einen Abgrund, der scheinbar kein Ende nimmt. Ungewissheit und Hilflosigkeit verstärken die Angst um ein Vielfaches. Das einst gelernte und gefühlte spirituelle Wissen, wie auch ihre langjährige Innenschau und intensive Arbeit an sich selbst, scheinen vollkommen umsonst gewesen zu sein. All das wird, für Paula schmerzhaft fühlbar, von dieser unendlichen Dunkelheit geschluckt.

Immer öfter denkt sie in dieser Verzweiflung und den panikartigen Adrenalinschüben daran, sich das Leben zu nehmen. Sie schreibt bereits Abschiedsbriefe an ihre Lieben. Viele Menschen im nahen Umfeld versetzt sie in Angst und Schrecken, da sie offen und klar über ihre Selbstmordabsichten spricht. Alles in Paula ist nur noch tiefschwarz und das halten einige ihrer Freunde nicht aus, sie entfernen sich. Aber die, die bleiben, sind Felsen in der Brandung.

Alexander, der Paulas Ängste besonders zu spüren bekommt, ist für sie da, er kippt nicht mit ins Drama hinein, sondern hilft mit heilsamer Präsenz. Er verliert in dieser schweren Zeit in keinster Weise die Achtung vor Paula, sieht weiterhin ihre Stärke, obwohl sie zutiefst am Boden der Resignation und Hoffnungslosigkeit liegt. Auch die anderen Freunde, die in Paulas schlimmer Lebensphase trotz Abweisung und Hilflosigkeit den Kontakt zu ihr halten, spüren, dass es ein wichtiger Prozess für Paula sein muss und keine rein psychische Krankheit. Paula fühlt sich so ausgeliefert wie noch nie in ihrem Leben. Völliger Kontrollverlust und Todessehnsucht lassen ihre Tage und Nächte unerträglich werden.

Das einzige, was kurze Zeit Entlastung bringt, sind ihre Runden um den See. Indem sie täglich bis zu zehn Kilometern um den See hetzt, kann sie wenigstens etwas von dem ständigen Adrenalin ihres rasenden Herzens abbauen. Doch es hält nie lange vor. Letztendlich bricht Paula vollkommen zusammen, jagt Jasmin und vor allem ihrer Mutter solche Angst ein, dass diese den Rettungswagen alarmiert. Paula kommt für drei Tage in die Psychiatrie. So schlimm diese Tage und Nächte dort für sie sind, es bringt endlich ein wenig Licht ins Dunkel.

Einem sehr aufmerksamen Arzt hat sie es zu verdanken, dass er auf einen Verdacht hin ihren Vitamin B12-Wert im Blutbild überprüfen lässt. Und so konnte vorerst die Ursache für all diese schlimmen Symptome gefunden werden, ihr B12-Haushalt war weit unter den niedrigsten Normalwert gesunken. Der Arzt erklärt ihr, was dieser Mangel unbehandelt auslösen kann, nämlich Psychosen bis hin zur Demenz. Er ordnet an, dass Paula nun regelmäßig Spritzen dieses Vitamins bekommt. Paula ist Vegetarierin und hat seit einigen Jahren auch eine Laktoseintoleranz.

Bereits zwei Tage nach der ersten Spritze verschwinden fast alle Symptome. Das Herz beruhigt sich, die Panik verschwindet und ganz plötzlich sieht sie die Welt wieder so wie sie ist, nicht nur wie bisher in diesem tiefen, depressiven Schwarz. Es dauert eine Weile, dann kann sie auch ohne dementsprechende Medikamente wieder schlafen. Ihre Psyche erholt sich etwas langsamer, die Ängste durch den Kontrollverlust bauen sich zwar ab, kehren aber ab und an zurück. Sie wollen gesehen und angenommen werden.

Alexander bleibt die ganze Zeit an ihrer Seite, hilft mit Gesprächen, leckerem Essen und Vertrautheit. Während Paulas Zusammenbruch hatten sie sich auf eine platonische Freundschaft geeinigt, da alles andere Paula nur erneut in inneren Stress versetzen würde. Es tut ihr gut, sie spürt auch, dass die Zeit dafür nun reif ist. Ihre Verbindung ist stärker geworden und voller gegenseitiger Achtung füreinander. Der Schmerz in Paula heilt Stück für Stück.

Langsam aber stetig kehrt auch ihre Lebensfreude zurück. Und so kann sie in Ruhe diesen *Crash* reflektieren. Denn ihr wird klar, dass nicht nur der Vitamin B12-Mangel der alleinige Auslöser gewesen sein konnte. Alles, was durch diesen Mangel so extremst ans Licht kam, befindet sich ja in ihr, all die Angst und die Todessehnsucht.

Paula versteht, dass hier eine massive energetische Entgiftung geschieht, die alles hochholt und herausbringt, was noch verborgen in den tieferen Schichten ihres Seins schlummert. Eines Nachts erscheint ihr ein männliches Geistwesen im Traum, das sie nicht kennt. Dem Aussehen nach kann er ein Inder sein. Er spricht: „Was du nun erlebst, ist der heftigste

Teil deines bereits vor zehn Jahren in Bewegung gekommenen Kundaliniprozesses. Ein Prozess, der nicht zu stoppen ist. Informiere dich darüber und finde die richtige Hilfe, dann wird alles gut!"

Paula ist wie benebelt, aber auch ruhiger nach diesem Traum und bestellt sich im Internet gleich mehrere Bücher über den Kundaliniprozess, findet auch über die Suchmaschine einige Artikel darüber. Die dort angeführten Symptome stimmen auf jeden Fall mit ihren Erfahrungen überein. War es das, was Lukas immer mit Neugeburt gemeint hatte? Muss erst alles Alte restlos herausgeschleudert werden um diese Neugeburt einzuleiten? Was kommt danach? Paula weiß es nicht, sie kann es nur ahnen und versuchen diesem Prozess zu vertrauen.

Gespräche mit Alexander und anderen Freunden helfen beim Reflektieren, ebenso eine begonnene Psychotherapie bei einem spirituell aufgeschlossenen Freund von Alexander, der Paula bereits privat kannte und als sehr offener Therapeut ganzheitlicher arbeitet als andere Psychologen. Mit seiner Hilfe will Paula endlich ihre Ängste noch einmal genauer beleuchten, die Ursachen finden und erlösen. Egal wie lange es dauert.

Paulas erschaffenes Netzwerk der letzten Zeit wird nun ihr eigener Anker auf dem Weg der Genesung. Außerdem bringt ein neuer Kontakt direkte Hilfe im Kundaliniprozess. Dieser vollständig spirituell erwachte Mann hatte den heftigen Teil des Prozesses bereits selbst durchlaufen und eine Methode entwickelt, die die Symptome lindern und deren Ursachen an der Wurzel heilen kann. In seiner gegründeten Schule findet Paula die perfekte Hilfe, indem sie Sitzungen nimmt und sich parallel dazu begeistert für die Ausbildung anmeldet. Das schenkt ihr neues Vertrauen, Gewissheit über den Sinn des Ganzen und unendlich viel Hoffnung.

Bewussten Kontakt zur geistigen Welt vermeidet sie noch eine Weile, zu tief sitzen die Zweifel der letzten Monate. Nur eine leise Sehnsucht nach Lukas, die kann sie zulassen. Aber tief innen spürt sie, dass es bald wieder Arbeit für sie geben würde. Noch einmal wird sie nicht aus dem Leben kippen, diese Phase ist jetzt vorbei.

Viele Anfragen nach Clearings erfüllen sie mit Freude und dem festen Willen, schnell wieder arbeiten zu können. Erleichtert spürt sie dadurch, dass diese gerade noch so tief gefühlte Todessehnsucht in ihr erlöst ist. Das Leben hat gesiegt.

Als Erstes nimmt sie nun ihre geliebten ehrenamtlichen Begleitungen im Hospiz wieder auf. Die Regelmäßigkeit tut gut, sie fühlt sich gebraucht und angenommen. Die Begleitung Sterbender schenkt ihr eine wunderbare innere Stille, sie spürt so viel Empathie für diese Menschen und deren Angehörige, ohne jedoch in Mitleid oder Drama zu versinken. Das gibt ihr Kraft und ein beständiges Gefühl von Dankbarkeit, dem Tod so nah begegnen zu dürfen, ihn dadurch besser zu begreifen. Leben und Tod gehören zusammen. Sie versteht: Die Angst vor dem Tod ist eigentlich Angst vor dem Leben. Wer den Tod nicht ins Leben integrieren und akzeptieren kann, der lebt nicht richtig.

Die Angst ist es, die beständig das wahre Leben verhindert. Paula muss an ihre Lieblingszitate von Osho denken und lächelte. Bisher hatte sie ausgiebig seine lustige Anweisung *Feiere deine Neurose* gelebt. Nun wurde es Zeit für eine neue

Osho-Weisheit und spontan fällt ihr ein: *Lebe wild und gefährlich!*

„Huiiiiii!", sagt Paula laut und begeistert. Jetzt wird es Zeit für einen lange verdrängten Wunsch. Gerade durch die Arbeit im Hospiz ist ihr schließlich klar geworden, dass man Herzenswünsche nicht auf die lange Bank schieben sollte. Im nächsten Sommer wird sie nun definitiv einen Tandemsprung mit dem Fallschirm wagen und sich am besten jetzt schon dafür anmelden. *Fliegen! Fliegen! Fliegen!*

Die Vorfreude beschert Paula ein wunderschönes Kribbeln im Bauch.

Bald darauf nimmt sie allen Mut zusammen und führt bei einer neugewonnenen Freundin erfolgreich ein Clearing durch. Der Bann ist endgültig gebrochen!

Dankbarkeit für alles durchflutet Paula erneut wie eine warme Welle. Für das Geschenk ihrer wiedergewonnenen Arbeit, sowie auch besonders für das Verständnis und die Liebe ihrer Freunde und Freundinnen, welche auch nach dieser extremen Zeit noch an ihrer Seite sind. Alles hat nun erheblich mehr Tiefe bekommen.

Neugeburt

Den Abend nach einem langen Tag, es ist inzwischen Ende Januar 2014, verbringt Paula alleine zu Hause und erfüllt sich das Bedürfnis, einfach nur still auf ihrem Sofa zu sitzen, um ein bisschen meditativ für sich selbst da zu sein.

Doch da hört sie plötzlich eine vertraute Stimme.

„Lukas!", ruft Paula freudig. „Bist du es wirklich? Wo warst du so lange?"

Lukas zaubert Paula eine Gänsehaut der Extraklasse auf den Rücken: „Ja, ich bin wieder da. Endlich. Ich durfte deine Prozesse nicht beeinflussen, aber nun kann ich wieder frei bei dir sein."

Paula laufen die Tränen über die Wangen. Seine Liebe durchflutet sie so stark wie schon lange nicht mehr. Heute schaffen es beide nicht, so flapsig wie sonst miteinander zu sein, denn heute ist ihnen richtig feierlich zumute. Voller Gefühl sagt Paula: „Ich danke dir für deine Hilfe, deine wunderbare Art die Fäden zu ziehen. Ich lebe wieder Lukas. Danke!"

„Das Lob gebührt nicht mir alleine, aber ich nehme es stellvertretend für die anderen gerne entgegen. Die wichtigste Arbeit hast du aber selbst getan, meine tapfere Paula. Ich spüre eine so große Dankbarkeit und Liebe in dir. Magst du sie ausdrücken?

„Gerne", antwortet Paula. „Eine schöne Idee. Aber du kennst mich. Ich ziehe es schriftlich vor. Bleib bitte bei mir, während ich schreibe und produziere weiterhin Wärme auf meinem Rücken, ja?"

Lukas bleibt, wärmt Paulas Rücken mit seiner Energie und genießt ihren konzentrierten Anblick vor dem Laptop.

Sie schreibt:

> *Ich danke für das Leben, das sich durch meine Todessehnsucht nicht vertreiben ließ und stärker denn je nach dieser Transformation durch mich strömt.*
>
> *Ich bin dankbar für meine Seele, die diese Entwicklung*

gewählt hat. Ich bin dankbar für die geistige und menschliche Hilfe, die mir in dieser Situation und in meinem ganzen bisherigen Leben zuteilwurde, egal auf welche Art. Ich unterscheide nicht mehr zwischen Falsch und Richtig. Es gibt nur noch meinen Weg, und alles was mir begegnet, ist wahr. Im Jetzt bin ich besonders dankbar, dass Alexander in meinem Leben so eine wichtige Rolle spielt und das nicht nur wegen der Heilung meines Körperthemas. Durch die Spiegelung mit ihm sehe ich, dass meine intensive Innenarbeit sich gelohnt hat und nun endlich Früchte trägt.

Ich danke ebenfalls Jan ganz besonders, durch dessen physischen Tod die vielen Veränderungen und damit auch mein neues Leben überhaupt in Gang gesetzt wurden. Ich danke dafür, dass ich ihm und auch mir zutiefst vergeben konnte für alles, was in den Jahren bis heute geschah. Dieses Friedensgefühl zwischen uns ist wunderschön. Dankbar bin ich für meine neuen Freunde. Danke auch für alles, was aus diesen Freundschaften noch wachsen mag.

Einem besonderen Engel in Menschengestalt, sowie auch denen, die sein Werk unterstützen und verbreiten, schicke ich ein riesiges Herz aus Dankbarkeit. Er begleitet mich jetzt ein weiteres Stück auf dem Weg in mein neues Bewusstsein.

Alle Menschen, die zu mir kommen und meine Arbeit mit den Clearings schätzen, sind ebenfalls ein großes Geschenk für mich.

Aber besonders danke ich dem Leben, dass es nun wieder in Strömen durch mich fließt.

Paula hält inne.

„Lukas", unterbricht sie ihre Überlegungen. „Ich kann das alles gar nicht aufschreiben, es klingt fast nichtig. Dabei fließe ich schon regelrecht über in diesem Gefühl von Dankbarkeit. Du spürst es sicherlich auch so. Ich möchte nun nicht mehr schreiben, denn ich könnte zu viel vergessen."

Lukas lächelt und streichelt noch einmal Paulas Arm. „Es ist gut", erwidert er leise. „Möchtest du aus dieser neuen Sicht heraus deine Verbindung zu Alexander noch einmal reflektieren?"

Paula spürt Lukas' Energie und erinnert sich an den Augenblick, als er ihr sagte, dass es langsam an der Zeit wäre, von einer lebendigen Hand gestreichelt zu werden. Dabei schießen Paula erneut die Tränen in die Augen, natürlich denkt sie dabei an Alexander. Wie sehr hatte sie vor seinem Erscheinen an ihren tiefen Ängsten gelitten und nun waren die Berührungen seiner Hände tatsächlich Balsam für sie geworden. Heilung durfte auf so schöne Weise geschehen und war nun abgeschlossen. Das Wertvollste aber bleibt bestehen: ihre Freundschaft und die tiefe Seelenverbindung.

Lukas hakt nun nach: „Wenn dein Herz dir jetzt in diesem Moment eine Erkenntnis schenken wollte, wie würde sie lauten? Fühle bitte einmal in dich hinein."

Paula tut es und ihr Herz antwortet tatsächlich. Es spricht:

> „Wer um die Liebe eines anderen kämpft, der zerstört sie und damit jeden Zauber. Wer seine eigene Liebe frei fließen lässt, der verzaubert die ganze Welt."

Paula legt sich nun auf ihr Sofa, um entspannt alles zu verinnerlichen. Sie fühlt sich von der Erkenntnis über die Liebe verzaubert, denn sie ist die wahre Essenz ihres Erlebens mit Alexander. Seit sie ihre Liebe zu ihm frei fließen lassen kann, nicht mehr an Zukunftsgedanken und Ängsten festhält, hat ihre gemeinsame Verbindung an Tiefe und Vertrauen gewonnen. Genauso spüren jetzt auch andere Menschen um sie herum diese freie Liebe und sprechen sie sogar darauf an.

Sie wird Alexander dazu etwas schreiben, ihm danken. Schließlich war er derjenige, der durch seine beständige Klarheit und Ehrlichkeit diese Form von Liebe überhaupt erst in ihr lebendig werden ließ. Vielleicht hat sie tatsächlich erst jetzt die Chance auf eine echte, partnerschaftliche Beziehung und Alexander war die Vorbereitung dazu?

Aber auch wenn nicht, wird es in Ordnung sein. Denn sie spürt, dass Anhaftungen und Bedürftigkeit nun nicht mehr in ihrem Wesen Verwirrung stiften, das hat sich gelöst. Für immer!

Sie wird ihren Weg gehen, den Weg des Dienens für das große Ganze. Sie wird ihren Impulsen folgen und das tun, was sie fühlt. Mit ihrer vollen Kraft. Alles wird nun plötzlich deutlich überpersönlicher von ihr wahrgenommen.

Es ist ein Zustand, als erwache Paula langsam aus dem langen Traum ihres vergangenen Lebens in die noch ungewohnte Realität des wahren Seins. Sie ist auf jeden Fall bereit, sich nun endgültig aus der Verhaftung mit der Polarität und damit auch aus der Identifikation mit ihrem kleinen Ich zu lösen.

Lukas unterbricht nun leise und zärtlich ihre Gedanken: „Paula, es ist Zeit. Deine Geburt ist eingeleitet. Möchtest du in eine neue Welt, eine neue Bewusstseinsstufe hineingeboren werden? Bist du endgültig bereit, innerhalb der Polarität die wahrhaftige Liebe zu leben, mit ihrem Glück, aber auch ihrer heiligen Offenheit und Verletzlichkeit? Möchtest du zurück in deinen Urzustand? Es ist soweit, Paula."

Mit Paulas *Ja* dazu tut sich ein riesiger bunter Tunnel vor ihrem drittem Auge auf, während sie mit geschlossenen Augen auf dem Sofa liegt. Ein Sog reißt Paula in diesen Tunnel hinein. Stirbt sie jetzt? Ist das etwa schon der Lichttunnel? Angst ist da keine. Nur Liebe. Sterben ist schön.

Paula gibt sich ganz hin, der Liebe und auch dem bittersüßen Schmerz, der sie noch ein Stück des Weges begleitet. Sie lässt in diesem Moment alles los, alle Anhaftungen, alle Vorstellungen lösen sich auf. Schmerz und Liebe, Liebe und Schmerz.

Sie spürt dabei Alexanders Energie ganz nah neben sich, so als ob er sie begleiten würde. Ein helles Licht ist zu sehen, es kommt auf sie zu, bis es fast blendet. Da reißt Paula erschrocken ihre Augen wieder auf, sieht sich um.

Sie lebt anscheinend doch noch, denn unter dem Tisch sitzt Mr. Darcy, ihr lieber alter und momentan so schwacher Mr. Darcy. Vorsichtig berührt sie ihn. Nein, ihre Fingern greifen nicht durch ihn hindurch, ihre Hand spürt Widerstand und sein warmes Fell. Gott sei Dank. Paula atmet bewusst tief ein und aus, genießt es regelrecht.

Lukas ist nicht mehr da. Aber sie spürt, er wird wiederkommen und sie weiterhin begleiten. Begleiten durch das Neue, Unbekannte, das jetzt wartet. Sie weiß nicht, was da wartet, aber sie kann es mit einer unglaublich starken Intensität fühlen. Überall ist Liebe.

Paula weint, die Tränen erlösen noch einmal so viel Schmerz. Nur, dass der Schmerz sich jetzt anders anfühlt. Weicher, lebendiger, nicht mehr so bedrohlich. Selbst der Schmerz ist voller Liebe.

Ein neues Leben beginnt also inmitten des ihr Vertrauten. Wie eine Blume fühlt sich Paula. Eine Blume, die aus ihrem Zwiebelkokon herausbricht, aber dennoch die vertraute Erde unter sich spürt.

Lukas wird immer an ihrer Seite sein, solange sie verkörpert auf dieser Erde lebt und natürlich auch danach, das weiß sie ganz sicher. Ihm und sich selbst zuliebe wird sie dieses Leben weiterleben, mit aller Intensität, mit allen für sie vorgesehenen Erfahrungen. Sie wird ihren Seelenauftrag erfüllen und mit viel Liebe ausfüllen.

„Ja, Lukas", das verspricht Paula feierlich.

Fast nahtlos taucht nun Alexander in ihren Gedanken auf. Es hat sich wieder etwas verändert in ihrem Gefühl zu ihm. Es ist noch intensiver geworden, diesmal aber wesentlich unabhängiger von seiner physischen Person. So, als wäre seine Seele vorhin im Tunnel mit ihrer eigenen verschmolzen.

Paula wird diese Gefühle bald aufschreiben, das nimmt sie sich vor. Am besten in Form eines Briefes. Ob sie den Brief dann jemals an Alexander abschicken oder ihm gar persönlich übergeben wird, das weiß sie noch nicht.

Sie möchte plötzlich gar nichts mehr wissen, sie möchte am liebsten nur noch fühlen. Und in diesem heiligen Moment lösen sich alle bisherigen alten Definitionen über Liebe in ihr auf.

Denn Paula liebt, liebt, liebt ...

Für Alexander

Ich lasse dich frei

Ich lasse dich frei,
  weil ich erst durch dich lernte, frei zu lieben.

Es ist mein erstes Mal. Das erste Mal, dass ich wirklich vollkommen liebe. Vorher regierte viel zu viel Angst und schmälerte dadurch jedes liebende Gefühl in seiner Intensität.

Dieses Erleben jetzt ist der Himmel und wenn ich morgen sterben würde, dann bin ich damit im Frieden. Nun habe ich das Wichtigste erlebt, was man auf Erden an Himmel erleben kann. Noch nie sah ich einen anderen Menschen so, wie ich dich heute sehe. So ohne jegliche Schuld, so ohne Urteil. Die Liebe zu dir erfüllt mich grundlos. Liebe, weil du es bist. Ich sehe dich als meine erste wahre Liebe und das fühlt sich noch fremd für mich an. Fast so, als würde ich alle anderen vor dir verleugnen oder beleidigen. Jedoch erkenne ich die Illusion dahinter, denn alles Vergangene brachte mich auf den Weg der Sehnsucht, diese Liebe zu finden. Und jetzt, wo ich die Liebe in dir gefunden habe, kann ich sie überall sehen und finden. In jedem Menschen, in jedem Tier, in jedem Grashalm.

Ich lasse dich frei,

zu wem oder wohin du auch gehen magst, wen auch immer du lieben wirst. Eher lasse ich mich wieder und wieder vom Schmerz zerreißen, als dich an mich binden zu wollen, wenn du deinen weiteren Weg ohne mich gehen möchtest. Die alten säuselnden Stimmen wollen mich dazu bringen dich zu verurteilen, stolz zu sein, dich zu verletzen, um nicht selbst verletzt zu werden.

Nein, mein Bewusstsein ist endlich hellwach und so können sie mich nicht mehr beeinflussen. Lieber fühle ich diesen Schmerz, ist er doch der Tod, aus dem heraus noch viel mehr Liebe geboren werden wird. Liebe, die überfließt und alle alten Vorstellungen verzaubert ... in Wahrheit.

Ich schaue dich an und kann alles lieben was ich sehe. Sogar mich, wenn ich mich in dir, deinen Augen, deiner Seele spiegele. Was für ein Wunder! Aus diesem Grund werde ich dich gehen lassen, sobald du es möchtest. Denn ich trage dein Spiegelbild genauso in mir, wie du das meine in dir. So sind wir in Liebe verbunden, für alle Zeiten.

Ich lasse dich frei,

weil ich genauso frei sein will. Frei, um die Begegnungen wahrzunehmen, die das Schicksal mir vielleicht schenken möchte. Ich weiß nicht, wer oder was hinter der nächsten Weggabelung auf mich wartet. Ich weiß genauso wenig, wie viele Weggabelungen es für mich noch gibt, welche Impulse, Erfahrungen und Begegnungen dort meinen Weg bereichern. Vielleicht teilen wir sie gemeinsam. Vielleicht treffen wir uns auch erst eines fernen Tages wieder, nachdem wir uns aus den Augen verloren haben? Vielleicht aber auch nicht, wer weiß das schon. Ich kann nur lernen, immer wieder der Weisheit des Weges zu vertrauen, mich hinzugeben und alle damit verbundenen Gefühle in tiefster Tiefe zu leben und zu lieben.

So lasse ich dich frei für alle Zeiten,
genauso wie mich. Nur wer frei ist, kann wachsen. Freiheit ist die Essenz allen Wachstums. Alles, was ich jetzt sehe, ist Liebe. Angst und Schmerz tanzen in ihr den Tango der Illusion. Die Liebe in mir liebt so sehr, dass sie Angst und Schmerz annehmen kann, jedoch ohne sich selbst zu schmälern. Das habe ich dir zu verdanken, denn auch du konntest mich annehmen. Annehmen, so wie ich bin. Und durch dich weiß ich endlich, dass ich es jetzt genauso kann.
Deine Liebe und Achtung halfen sanft meine schlimmsten Verletzungen zu heilen. Dadurch lernte ich mich einzulassen, endlich frei von altem Besitzdenken, falschem Stolz und der kalten Arroganz der Angst. Dankbarkeit erfüllt nun mein Herz. Sie schenkt mir den Wunsch, dass meine Liebe deinen weiteren Weg begleiten möge, wenn du so frei sein wirst, sie anzunehmen. Ich lasse sie frei fließen, genauso wie dich!

Du, meine erste Liebe im Himmel auf Erden.

Die Autorin

Petra Möller, Jahrgang 1968 arbeitet bereits seit vielen Jahren freiberuflich im spirituellen Bereich, bietet in verschiedenen Methoden *Mediale Begleitung* an und ist auch kreativ tätig in ihrer Textwerkstatt *Wortmuse*. Ehrenamtlich setzt sie sich als Sterbe- und Trauerbegleiterin im Schweriner Hospizverein ein.

Bereits in jungen Jahren verlor Petra Möller erst ihren Vater und dann ihren Mann, so dass der Tod ihr Leben vollkommen veränderte und sie auf den spirituellen Weg führte. Dadurch entwickelte sich ihre Medialität und auf diese Weise blieb ihr verstorbener Mann als geistiger Lehrer auch weiterhin hilfreich an ihrer Seite. Mit Hilfe seiner Präsenz entstand auch das Buch „Im Spiegel deiner Seele – Eine Liebe zwischen Diesseits und Jenseits". Dieses Buch erklärt in einer authentischen Geschichte nicht nur das Spiegelgesetz anhand vieler Beispiele, sondern zeigt auch einen Weg durch alle Unwägbarkeiten des Menschseins, wenn man sich für eine wahrhaftige und transformative Spiritualität entschieden hat. Ein Weg, der in die Tiefe führt und zu mehr Bewusstheit und Selbsterkenntnis verhilft.

2013 veröffentlichte Petra Möller in Zusammenarbeit mit einer Künstlerin ein Kartendeck mit Begleitbuch, speziell für trauernde Menschen: *In Memoriam – Kartendeck für Trauernde* beim Verlag *Neue Erde*.

www.ein-blick-tiefer.de
www.wort-muse.de

Danksagung

Während dieses Buch entstand, erlebte ich eine gewaltige innere Transformation, die mich an an alle denkbaren Grenzen brachte. Meine erwachte Kundalini-Energie kämpfte sich mit einer zerstörerischen Wucht durch alte Traumata und Blockaden, so dass es mir den Boden unter den Füßen wegzog. Panikattacken, Schlaflosigkeit, viele unangenehme körperliche Symptome und tiefste Todessehnsucht schüttelten mich ein ganzes Jahr lang fast pausenlos. Dass ich nicht daran zerbrochen bin, sondern durch diesen Prozess sogar mehr innere Stärke und Stabilität entwickelte als je zuvor, das wurde von vielen wunderbaren Menschen auf verschiedenste Weise unterstützt.

Der erste dem ich danken möchte, ist Holger Vowinkel, mein guter Freund und uralter Seelenverwandter. Ohne Dich, Holger, würde es die zweite Hälfte des Buches nicht in dieser Form geben. Dein Zuhören, Deine immer ehrliche Kritik haben dieses Buch wohltuend geformt und geprägt. Besonders aber danke ich Dir für Deine Begleitung durch meine Krise. Dafür, dass Du nicht mit in mein Drama eingestiegen bist. Dafür, dass Du selbst in der schlimmsten Zeit nie die Achtung vor mir verloren und meine Eigenverantwortung gefördert hast. Da sein statt eingreifen, was für ein Geschenk!

Weiterhin danke ich meiner kleinen und von Verbundenheit geprägten Familie. Meiner Mutter, die mich zu jeder Zeit tatkräftig unterstützt, immer da ist für mich und ständig geduldig meinen Hund hütet, damit ich arbeiten kann. Meiner Tochter Peggy, die längst viel mehr als nur mein Kind ist, sondern auch Freundin und Weggefährtin auf allen spirituellen Pfaden, danke ich ebenso von Herzen für ihr Vertrauen in mich. Diese beiden Menschen sind mein Fundament, meine Verwurzelung auf dieser Erde. Meine kleine Hundedame Sunny verdient auch ein Dankeschön. Ihre treue Liebe begleitet mich seit 15 Jahren und so sind wir gemeinsam grau und ein bisschen weise geworden auf diesem Weg.

Allen meinen Freunden und Freundinnen, die mich durch die Entstehungszeit dieses Buches und auch durch meine Krise begleiteten, danke ich aus tiefstem Herzen. Es ist nicht selbstverständlich, dass Ihr noch an meiner Seite steht. Mir ist bewusst, wie sehr ich Euch zuweilen erschreckt habe. Und genauso bewusst ist mir, wie stolz ich auf meinen Herzmagneten sein kann, dass er solche lieben und starken Menschen in mein Leben gezogen hat. Wie gerne würde ich Euch alle namentlich aufzählen, aber Ihr seid so viele und das würde den Rahmen sprengen. Ihr werdet Euch angesprochen fühlen, jeder einzelne von Euch.

An dieser Stelle möchte ich ebenfalls den lieben Mitarbeitern des Schweriner Hospizvereins und dem stationären Hospiz von Herzen danken. Ihr seid ein Stück Zuhause für mich geworden, ein Ort, an dem ich mich gebraucht und geborgen fühle.
Ein weiteres **Danke** gilt allen KlientInnen, die meine Arbeit in Anspruch nahmen und weiterhin nehmen. Eure Wertschätzung und Euer Vertrauen in meine Fähigkeiten verleihen mir so viel Kraft!

Dann gibt es noch zwei hilfreiche Menschen, die mir mit Wissen, Kompetenz, praktischen Werkzeugen und viel Liebe halfen, meine wildgewordene Kundalini-Energie in gerade Bahnen zu lenken, sowie die alten, eingefrorenen Traumata aufzulösen. Ich durfte und darf so viel Neues durch Euch lernen, auch in Form von Ausbildungen, die einer wahrhaftigen und geerdeten Spiritualität dienen. Lieber Shai Tubali, liebe Theresa Bäuerlein, Ihr seid nicht nur Lehrer oder Therapeutin für mich, sondern echte Seelengefährten, mit einem festen Platz in meinem Herzen.

Doch nun ein Trommelwirbel und das besonders große **Danke** für jene Menschen, ohne die das Buch nicht den Weg in die Welt gefunden hätte.
Ulrike Dietmann, Inhaberin von *spiritbooks* – sie schenkte meinem Manuskript diese große Chance ein Buch zu werden. Eine Zusammenarbeit voll gemeinsamer kreativer Freude, die wahrlich beflügelt, so wie der kleine Pegasus im Logo des Verlages. Von ganzem Herzen Danke!
Und was für ein Doppelglück, dass die Grafikerin nicht nur Schöpferin des Covers ist, sondern auch eine liebe Freundin von mir. Großartig, wieviel Kreativität, Einfühlungsvermögen, Herzenswärme und auch grafisches Können in diesem Cover steckt. Danke, Corina Witte-Pflanz, meine kleine Zauberin! Immer wieder überraschst und berührst Du mich mit Deinen Kunstwerken.
Ebenfalls ganz lieben Dank an die Lektorin Gabriele Schmid, denn sie hat meiner Geschichte noch einmal richtig Glanz verliehen. Indem sie meine Worte und Sätze auf wunderbar professionelle Weise geschliffen, poliert und in Form gebracht hat. Ich durfte so viel dadurch lernen!
Ein Verlag mit drei Powerfrauen und viel Herz!

Ute Wilhelms
Hautnah

In ihrem Buch schildert die Reittherapeutin Ute Wilhelms authentisch und einfühlsam die Arbeit mit psychiatrischen Patienten. Anhand vieler Fallbeispiele zeigt sie wie Pferde verletzte Seelen heilen.

www.spiritbooks.de

Ute Wilhelms
Kentaur-Spirit

Ute Wilhelms, Reittherapeutin, Pflegedienstleitung und Mit-Inhaberin des ambulanten psychiatrischen Fachpflegedienstes Kentaurus, lädt uns ein in eine tiefe Verbindung mit der seelischen Kraft der Tiere. Sie schildert auf sehr authentische und emotionale Weise die Arbeit mit Menschen, die sich ihr und ihre Pferden anvertrauen.

www.spiritbooks.de

Heike Adami
Fenster zur Freiheit

Als Stewardess hat Sophie den gutaussehenden wohl-habenden Latif kennen und lieben gelernt. Sie folgt ihm in sein Heimatland Bahrain, in ein Leben voller Luxus mit Villa, Maid, Gärtner und Dri-ver. Nach und nach merkt Sophie, dass sie im goldenen Käfig gefangen ist...

www.spiritbooks.de

Gabriele Schmid
Gleichklang

Das Leben der Zwillingsschwestern Samantha und Deborah verläuft schon immer im Gleichklang. Doch eines Tages gerät es völlig überraschend aus dem Takt – die Ereignisse überschlagen sich.

www.spiritbooks.de

Gabriele Schmid
Touché

In Gabriele Schmids neuem Roman treffen zwei gestandene Unfall-Chirurgen aufeinander. Zwei Ärzte, die meinen, sie hätten alles im Griff … bis Amor seinen Pfeil abschießt. Touché!

www.spiritbooks.de

Ulrike Dietmann
Das gebrochene Herz

Autobiografie

Für all meine Brüder und Schwestern, deren Herz gebrochen wurde …
Holt euch eure Power zurück.

www.spiritbooks.de

Ulrike Dietmann
Das Medizinpferd – Band I Einweihung

Valerie erlebt unter den Nachkommen von Indianern eine spirituelle Einweihung in eine unbekannte Wirklichkeit und lernt die besonderen Fähigkeiten der Pferde kennen ...

www.spiritbooks.de

Ulrike Dietmann
Das Medizinpferd – Band II Unbreak my Heart

Valerie verliebt sich in den Halbindianer Tom und muss sich mit ihrer tiefen Angst, verlassen zu werden, konfrontieren. Bei den Pferden findet Valerie unerwartete Kraft und einen Weg der Befreiung.

www.spiritbooks.de

Shelley Rosenberg
Meine Pferde, meine Heiler

Lesen Sie die bewegende Autobiografie der Grand-Prix-Reiterin Shelley Rosenberg mit einem Vorwort von Linda Kohanov.

www.spiritbooks.de

www.spiritbooks.de

Bücher, die authentisch sind und Spirit haben.

Die Bücher des Verlags erhalten Sie in allen Buchhandlungen und bei zahlreichen Online-Anbietern wie amazon.de. Sie können die Bücher auch beim Verlag direkt bestellen: **www.spiritbooks.de**

Wenn Sie direkt beim Verlag bestellen, unterstützen Sie den Verlag und die Autoren.

Die Vision des Verlags

Vertrauen in das Gespür von Leserinnen und Lesern

Bedingungslos authentische Bücher

Autorinnen und Autoren als Persönlichkeiten, die etwas Unverwechselbares zu erzählen haben.